商学教育变革
全球视角

海闻 ● 主编　　任颋 ● 副主编

Business Education Transformation

图书在版编目(CIP)数据

商学教育变革: 全球视角 / 海闻主编. —北京: 北京大学出版社, 2016.3
ISBN 978-7-301-26893-3

Ⅰ.①商… Ⅱ.①海… Ⅲ.①经济管理—教育研究 Ⅳ.①F2-4

中国版本图书馆 CIP 数据核字（2016）第 027811 号

书　　名	商学教育变革：全球视角 SHANGXUE JIAOYU BIANGE
著作责任者	海　闻　主编　任　颋　副主编
责任编辑	周　玮
标准书号	ISBN 978-7-301-26893-3
出版发行	北京大学出版社
地　　址	北京市海淀区成府路 205 号　100871
网　　址	http://www.pup.cn
新浪微博	@北京大学出版社　@北京大学出版社经管图书
电子信箱	em@pup.cn　QQ:552063295
电　　话	邮购部 62752015　发行部 62750672　编辑部 62752926
印刷者	北京大学印刷厂
经销者	新华书店
	730 毫米×1020 毫米　16 开本　11 印张　132 千字 2016 年 3 月第 1 版　2016 年 3 月第 1 次印刷
定　　价	38.00 元

未经许可，不得以任何方式复制或抄袭本书之部分或全部内容。
版权所有，侵权必究
举报电话：010-62752024　电子信箱：fd@pup.pku.edu.cn
图书如有印装质量问题，请与出版部联系，电话：010-62756370

序：迎接商学教育的新变革

经过 30 多年的改革开放，中国的经济发展取得了举世瞩目的成就。人均 GDP 从 100 多美元跃升为 6000 多美元，经济总量达到全球第二，很可能用不了多久就成为世界上最大的经济体。如今，中国不仅是世界上最大的消费市场之一，也是世界最大的对外投资国之一。在过去 12 年中，中国对外投资已经增长了近 40 倍，从不到 30 亿美元，到现在超过 1000 亿美元。

新的时代也不断产生新的技术，移动互联网的发展打破了各国之间的壁垒，加剧了企业之间的竞争，同时也为人与人之间的合作提供了更多机会。很多以前认为不可能的事情在不断出现，很多固有的思维和行为在不断受到挑战。面对日益变化的经济环境和商业模式，商学教育又将如何不断地演变？商学院应如何帮助商界人士来应对经济全球化的挑战？商学院应如何培养未来国际的商业领袖，并且使他们成为具有社会责任的一代人？甚至，在未来商学院能否保持其存在的意义呢？

面对全球新格局下商学教育的新变革，北京大学汇丰商学院在创立十年之际，主办了一次主题为"中国融入世界——商学院的角色"的全球商学院院长论坛。来自全球的 40 多所知名商学院的院长参加了这一高规格的国际性论坛。商学教育顶尖的专家们来到中国，来到深圳，分享国际一流商学院面对新的全球变革尤其中国融入世界的思考，介绍他们来自教育实践的重要见解，讨论商学教育未来面临的各种挑战和应对举措。本书即是在该论坛精彩实录和相关成果基础上整理编辑而成。可以说，这是一本根植于商学教育实践，并与时代变革和未来梦想相激荡的精心之作。

今天的世界发生了巨大的变化，中国不仅已成为全球最大的经济体之一，而且日益融入世界。中国在影响世界经济的同时，也面临来自全球各个方面的挑战。面对世界和中国发生的变化，中国的商学教育如何改革？如何培养出可以适应全球复杂经济环境，引领中国企业与世界进行更深入的合作，用国际化视野完善中国金融、经济、管理体制的新一代精英人才？

北京大学汇丰商学院建院十年，我们一直在思考如何开创一种具有时代特色且符合社会发展规律的培养模式。我们确立了"专业知识、综合素质、国际视野、社会责任"的人才培养目标。我们清醒地意识到，在经济全球化和中国日益融入世界的过程中，培养具有国际视野和全球格局的精英是北大汇丰商学院的重要使命。

十年来，我们在国际化的道路上取得了一些成绩：不仅在全日制硕士研究生教学中全部使用国际通用语言——英语，与全世界百余所高校建立交流合作关系，也在管理制度、师资建设、课程设计、学生培养等各个方面全方位与国际先进接轨，与世界一流商学院同步。可以说，北京大学汇丰商学院目前已成为中国最具国际化特征的商学院之一。未来，我们还将继续推进国际化的建设，不但要为国家培养适应全球多元环境的高端商界人才，而且还要发展和传播中国优秀的经济、金融、管理思想和理念，并通过促进中外学者广泛和深入的交流，推动中西方商学研究思想的互补融合。

通过十年的实践和对未来的深入思考，我们更加深刻地认识到，塑造学生健康与卓越的人格是一所优秀商学院的首要任务。我们的目标是建设一流的"商界军校"，培养有领导力、有自制力、有远大视野的商界领袖，这有赖于在"能""智""体""德"四个方面注重对学生的培养。

所谓"能"，是从事商业、解决问题、发展事业所需要的知识和能力，包括金融和管理等各种职业需要的课程和经历。这是一所商学院最基本的功能，也是大多数商学院能够做到的。

所谓"智"，指的是这些职业能力背后的知识和智慧。学生不但要知道怎么做，还要知道为什么要这么做。有些课程看起来不那么实用，但都是决定学生眼界、心胸、智慧和培养未来领袖所必需的。一些世界一流的商学院近年来都强调学生的经济学、历史学、社会学、心理学、政治学以及数理等方面的理论功底。

所谓"体"，是学生的身体和精神状态。北京大学蔡元培老校长说："完美人格，首在体育。"这里的"体"，不是指体育成绩，而是强调强健的体魄和充满激情的拼搏精神，这也是北大汇丰商学院坚持素质拓展训练、积极参与各项团体竞赛的原因。一个成功的人，必定是一个强健的、乐观的、充满正能量的、敢于拼搏的人，否则再多的知识和技能也缺乏载体来实现。现在，越来越多的商学院开始注重这一点。亚太地区商学院 MBA 沙漠挑战赛、"玄奘之路"国际商学院 EMBA 戈壁挑战赛等活动的开展，也反映了商学院对"体"的重视。

所谓"德"，指的是一个人的道德修养和素质情操。"诚信""公正""荣誉""责任""理想""奉献"，这些都是未来领袖和商界精英最重要的素质，也是人生成功的最高境界。经过三十多年的发展，世界上已没有人怀疑中国的经济实力，也不怀疑中国商界精英们的知识和能力。然而，在道德情操和责任奉献方面，我们离人们的期望和要求还相差甚远。如何培养学生不但成为成功人士商界精英，而且成为社会贤达行为楷模呢？这是一个商学院的最艰难也是最高层次的使命。只有强调这一方面才是真正的一流商学院,而北京大学汇丰商学院就是这样一所商学院。

培养学生的"能""智""体""德",既是一流商学院使命的四个方面,也是商学院水平的四个层次。我坚信,企业和社会不仅需要有知识、有能力的人,更需要有理想、有激情、有责任感的人。北京大学汇丰商学院一定会在这四个方面继续努力,为社会培养"能""智""体""德"全面发展的商界领袖和社会精英。

中国正处在一个伟大的历史时代,我们的教育事业包括商学教育也正面临着一个前所未有的历史机遇和挑战。我们要紧紧抓住机遇,迎接挑战,敢于创新,勇于改革,倾力为国家的经济发展和社会进步做出积极的贡献,不负国家,不负时代,不负社会,不负人民!

2016 年 1 月

于北京大学汇丰商学院

目 录

第一部分　趋势与挑战　　1

公司 2030
　　——下一次飞跃　　3
　　王冬胜　汇丰集团常务总监，香港上海汇丰银行有限公司副主席兼行政总裁

从本土企业家到全球玩家
　　——创新和创业的作用　　7
　　于　刚　壹药网董事长，时任 1 号店董事长

畅游于一个 VUCA 的世界
　　——建构可持续的适应性的商学教育　　13
　　沈联涛　中国银监会首席顾问，香港大学亚洲全球研究所特聘杰出研究员，时任经纶国际经济研究院院长

新的全球经济背景下商学教育的再思考
　　——变化及挑战　　18
　　章新胜　中国教育国际交流协会会长，世界自然保护联盟主席，生态文明贵阳国际论坛秘书长，联合国教科文组织执行委员会前主席

第二部分　变革与实践　　　　　　　　　　　　　　　25

引领公司走向未来
　　——新的全球经济中重建商学教育的价值和关联性　　　27

第三部分　争议与应对　　　　　　　　　　　　　　　45

发扬全球创新和企业家精神
　　——商学院和企业的合作　　　　　　　　　　　　47

形成全球化理念，成就未来商业领袖
　　——来自商学院的回应　　　　　　　　　　　　　59

改变而非冲击
　　——数字时代的商学教育　　　　　　　　　　　　74

塑造明日领袖
　　——将道德规范引回商业发展　　　　　　　　　　83

超越课堂
　　——在商学教育中加强参与和学习体验　　　　　　91

全球思维，本土冲击
　　——中国企业如何成长得更具全球竞争力　　　　　98

加强学术研究与实践活动的相关性
　　——激发对实践的洞察与引领　　　　　　　　　109

附录：访谈实录　　　　　　　　　　　　　　　　　119

借力国际化促进教育变革　　　　　　　　　　　　121
　　海　闻　北京大学汇丰商学院院长

当心理学走进商学院　　　　　　　　　　　　　　130
　　陈雅如　康奈尔大学约翰逊管理学院中国事务学术院长

商学院面临的最大挑战是什么? 134
  Rabikar Chatterjee 匹兹堡大学卡茨商学院副院长
如何培养数字时代的商业领袖? 137
  Alison Davis-Blake 密歇根大学罗斯商学院院长
关于社会责任,商学院能教给学生什么? 140
  Sarah Dixon 西交利物浦大学国际商学院院长
商学院如何适应数字化? 143
  Chris Styles 新南威尔士大学商学院院长
近半商学院可能会在未来消失 146
  Hellmut Schütte 中欧国际工商学院副院长兼教务长
从商学院发展到企业家精神 149
  Bernard Yeung 新加坡国立大学商学院院长
复制美国教育模式没有多大意义 152
  Eitan Zemel 纽约大学斯特恩商学院副院长
中国需要什么样的商学院? 155
  朱　宁 上海交通大学上海高级金融学院副院长

参会嘉宾所在院校中英文对照表   159

编后记   163

第一部分

趋势与挑战

公司 2030
——下一次飞跃

王冬胜　汇丰集团常务总监,香港上海汇丰银行有限公司副主席兼行政总裁

女士们、先生们、各位嘉宾,早上好!

我很荣幸能够在北京大学汇丰商学院举办的首届"全球商学院院长论坛"上发言。今天,我想讨论一下企业未来的面貌以及商学院如何能够帮助人才实现发展。

早前,美国国家情报委员会发布的《2030年全球趋势》的最新报告,重申了亚洲在世界经济体中的重要性。即到2030年之前,就GDP、人口规模、军事支出及科技投资来看,亚洲将超过北美洲和欧洲的总和,跃居全球前列,逆转自1750年以来以西方国家为主导的世界格局。而中国将在2030年之前的几年超越美国,成为全球最大的经济体。报告也指出，无论是西方还是东方，没有一个国家可以一方独大。

今天的中国在世界上占据了举足轻重的地位。我们的经济体虽然很大，但是还不够强。中国还有许多亟待解决的问题，比如医疗保健、教育、居民储蓄，以及其他的经济资源，并没有被很好地纳入国家的战略发展当中。因此，中国的人均国内生产总值不如期望的高。

亚洲国家发挥着更重要的作用，亚洲的公司也是如此。许多来自中国的公司，无论是规模、基础还是实力都不容忽视。亚洲最大的20家公司，有许多都来自中国，而这20家公司的发展都首先聚焦在国内市场。有调查指出，亚洲100强的销售额只有3/10来自海外，而西方100强的销售额有一半来自海外。

中国自身的市场也非常大，而且是个非常好的市场。苹果公司就是一个例子，其中国销售额占总销售额的比重日益上升。我们可以看到，阿里巴巴的成功之处，就是将中国日益庞大的市场与海外接轨。众多此类公司的上市也为中国和世界搭建了一座更好的桥梁。

中国的经济实力日益强大，它的国际化在未来十年将会进一步凸显，而这个趋势会随着政策的鼓励而变得愈加明显。我们也知道，中国将会对全球经济的发展起到非常重要的作用，而经济体的发展对其国内的公司有直接影响。通过不断国际化，亚洲的经济体能够更好地实现新市场的准入，获得先进技术、更好的人力资源等。

汇丰银行就是一个非常好的例子。香港经济的发展举世瞩目，它已经成为国际化的金融中心和国际化的大都市，并助燃全球经济动力。正是由于这种背景，汇丰银行才能够发展成为全世界最大的金融机构之一。

联合国的一份报告指出，在接下来几年中，中国将会有更多的公司进入全球100强，其中也包括国有企业。的确，我们已经看到，诸如华为，它已经是世界最大的电信公司之一；小米是中国手机行业的后起之秀，也是中国平板电脑行业一个非常重要的制造商；还有阿里巴巴也是如此。而除了中国的公司之外，其他亚洲国家的公司，比如来自韩国、日本的公司均会榜上有名。相信到2030年，来自亚洲的全球100强公司比来自美国的还要多。

全球化进程意味着必须面对更加激烈的竞争，而"迈向全球"这个战略方针，不仅对于许多中国公司来说非常重要，对于中国国内经济的发展更是重中之重。

创新、技术、管理以及各种知识技能参与竞争是非常重要的前提。如果三星公司没有推出像Galaxy这么强大的系列，苹果的iPhone 6也不会向大屏幕的方向发展。如果索尼当年没有进军海外市场，它的发展不会像现在这么大、这么快。这均是在全球环境下互相影响、互相竞争的产物。

无论怎么样，亚洲国家和企业在面临全球化的时候，都会遇到许多竞争。文化因素的考虑、国内运营与国外运营的平衡、人力资源的不足以及国际经验的缺乏，这些都是亚洲许多国家和企业要面对的问题。商学院在此能够发挥非常好的作用，帮助这些国家和企业培养更多的人才，传递更多的知识。

迈向全球化使市场产生了对商学院更多的需求，当然我们也可能要问，为什么会有这么一股强大的趋势？

我们可以看看一些国家的经验，比如说第二次世界大战之后，美国招募了很多人才，为发展奠定了基础。美国的人才库是世界上独一无二的，也是非常浩大的。我们知道，这一系列的人才都是由大学培养的。我在许多年前从大学毕业，现在也跟大学有许多的联系，我非常喜欢大学的课程设置，也很喜欢跟学生打交道。我相信教学相长，我也相信能够从教学当中很好地再现我们的历史、文化以及各种传承。而公司人才的深造和再培养,也是我们能够实现传承和全球化的前提,这也是东西方文化相互融合的一座非常重要的桥梁。

由于国际化元素的渗透,我们在设计课程时要对各种元素进行更充分的考虑。许多中国公司,口头上说要实现全球化了,但实际上做的并不都是如此。同样在国外,很多外国公司只是跟华人打交道,并没有相关的文化交流,所以也就没有文化上的相互影响。

最后我总结一下,我非常希望有更多的亚洲公司步入国际化的进程,并在2014年到2030年这个阶段能够有更多的凸显。我认为商学院所面临的一个挑战是:要具有非常国际化的管理,开创一种跨境、跨学科的事业。这是一个令人振奋的新趋势。

谢谢!

从本土企业家到全球玩家
——创新和创业的作用

于刚　壹药网董事长，时任 1 号店董事长

我非常荣幸来到这里，与大家一起交流！

我们可以探讨不同的领域。今天有许多演讲的大咖，我也非常尊重他们的观点。之前我在美国留学，我自己也做过研究，在亚马逊和戴尔公司也都就职过，而且在这两个公司的经历对我来说非常重要。我自己的公司成立于六年前，现在这家公司已经成为中国一流的电商公司。我也曾经跟一些电商的董事长在一个小房间里面进行商谈。现在我们的年销售额已经达到几十亿元人民币，我们在全国各地有数不清的仓库来更好地支撑我们的电商网络。

对于中国企业和中国企业转型，我想给大家简单介绍一下我在过去 20 年里面的一些看法。我自己也给 EMBA 的课程担任授课教师，在我们的课程当中，比如说北京大学 EMBA 项目的课程里面，就有一些类似的课程设计，会考虑企业的转型。在 2002—2003 年的时候，那是中国 EMBA 课程开设的早期，随后 EMBA 的课程就越来越多了，我当时在八个不同大学的 EMBA 课程里面担任过授课教师，在北京大学、清华大学、厦门大学、上海交通大学、香港中文大学都上过类似的课程。那么在我自己的授课经验里面，我认为有几点基本的因素是不能够忽视的。

人们一开始很喜欢用优劣分析来对一个公司做最基本的考量，但是我们也看到了一些新的中国的企业纷纷亮相，可能我们单单用一种方法来考量就不够。我们可以看到，许多的中国企业是民营企业或者说私营企业。许多私营企业是由家族企业所传承而来，它们的成功主要是基于早期进入市场的先发优势、廉价的劳动力，还有所谓的关系——就是与政府的良好关系，有的甚至能够把私企转型为国企，这是它们的一些优势。所以这些企业非常依靠资源的拨备，比如煤炭资源，还有其他能源方面的企业，就很好地体现了这一点，而对创新和产品质量方面，它们就不那么重视了。

记得我还是戴尔采购部的一名负责人的时候，有一次需要为戴尔生产的平板屏幕寻找供应商，当时我希望能够从中国的公司中挑选一些供应商，但这个过程其实是比较艰辛的。因为我们要求供应商达到六西格玛的管理认证，但许多中国公司并没有这种科学的认证，没有这种严谨的管理方法，因此我们当时也认为中国企业肯定要转型。

在过去十年当中，中国的公司也开始不断地去思考、去反省、去改良自身，这从各方面都可以体现出来。比如说在管理、质量控制以及全球化方面都可以看到这种趋势。例如联想公司购买了 IBM 的个人电脑业务，这也是全球化的一个迹象；还有华为在非洲、南美等市场的市场份额增加，一些欧美市场也有华为的身影。同时许多公司纷纷开始上市，进入全球性的扩张。以电商为例，五年前当当网在美国上市，三年之后唯品会赴美上市，接下来就是今年的阿里巴巴。我们还看到很多公司开始在全球采购。例如1号店的采购部现在遍布美国、欧洲、日本；还有伊利，一家乳业公司，在荷兰、德国和新西兰都建立了生产线，在当地采购新鲜的奶制品；另外一家公司叫三九，它也是通过不同的渠道，在美国的沃尔玛提供户外的家具，有95%的美国户外公园的家具都由它提供。这些公司首先非常重视质量，其次也注重生产工艺，而且它们的规模非常大，你可以想象到像伊利这样的公司，有数以十万计的乳牛，而且工厂生产都是半自动化的。

另外许多国际上的公司，特别是互联网公司已经渗入到中国，但是它们在中国成功的例子很少。大家会想为什么？其实两个月以前，记者采访我的时候也问我这个问题。首先eBay被淘宝赶走了，谷歌走了，雅虎被收购了，当然背后原因很多，大致归纳一下可能有几个原因。一个原因是这些公司想复制它们的全球商业模式在中国来应用，显然被证明是不可行的。还记得戴尔副总裁讲戴尔在全世界用他们的商业模式都很成功。但是这句话说的不对，你可以看到淘宝是怎么打败eBay的，因为淘宝完全改变了商业模式。你可以看到1号店的商业模式跟亚马逊也不一样，我们也是改变了商业模式。

另一个原因是，往往本地的团队没有足够的权利。比如说在亚马逊工作的时候，它的供应链有三条线的报告：零售、运营和财务。三条线都向美国总部报告，决策又要从美国反馈到中国。这样是行不通的，因为他们本地没有这种实权。在决策方面，特别是互联网业务的公司，决策必须要在本地能够快速实施。

当我与我的合伙人一起创办1号店这家公司的时候，我们有五家不同的办事处，然后我们可以很快做出决定，向前发展。但是很多外资公司的合规和管理成本很高，比如说戴尔有15%的合规和管理成本。这种成本就要求跨国公司或者国际公司去好好思考，怎么样在中国经营。

而且中国消费者的行为也是不一样的，我们推出第一个网站的时候，基本上模拟了亚马逊的模式，用了非常简明、优雅的一个界面。但你看到现在中国消费者，喜欢网页打开密密麻麻，有大量的链接、海量的信息，中国消费者基本上不会从导航条去慢慢找，他从一个页面就要直接进入到另一个页面。所以我们必须理解我们的客户，必须理解我们的市场。

中国的企业和创业家，也经历了几个阶段的发展，我觉得应该有四个阶段。

第一个阶段可能是二十年前，当时大部分的公司都在模仿，或者是导入美国以及一些发达国家成功的模式。

第二个阶段它们开始随意发挥，也就是说自己小修小补地去适应中国市场，像百度的做法。

第三个阶段从修修补补转向创新，这个时候就会有比较重大的商业创新和商业模式的转变，甚至把整个后台架构都进行改造。就像我们1号店，如果让我总结一下我们怎么样做到今天这个地步，创新是很重要的环节。我们有创新中心，但是创新中心只是带来创新的机制和创新的氛围，实际上要促使每个人创新，不是只让创新中心本身来做创新。我们是从简单的创新开始着手，比如说把成功的商业模式转为我们的模式，然后再深入进行自主创新。大概四年前我收到一个朋友的信息，他给我看了韩国一个地铁站上的虚拟货架，然后我马上就模仿了这个做法。中国团队就说，为什么要把这个虚拟货架放在地铁站或者公交站呢？我们其实不一定要局限于这些地方，用技术在任何地方都可以设置虚拟货架。所以我们团队就开始响应，然后用 GPS 技术，建立了虚拟的商场，随时随地，你只需要三分钟就可以设置完毕。我们有地图指导消费者进出虚拟商场，比如说在天安门广场、长城，任何地方都可以设置，他们到了虚拟商场就可以去购物了。这确实是一种非常自主的创新，跟原来简单的模仿相比，迈出了很大的一步。

第四个阶段应该就是全球化，大家可以看到许多的公司都在走向世界。

最后我想总结一下我们的心得。

第一点是，创新需要渗透到整个企业层面，不应该只由一个团队来做创新。

第二点是，我们认为理论概念或者学术概念跟现实生活有巨大的鸿沟和差距。

第三点是，过往的成功往往会成为未来的负担。戴尔就是一个特别好的例子。曾几何时，戴尔是世界上最成功的公司，但是正因为电脑的商品化，它原有的商业模式的效率越来越低，并成为公司转型的一个负担。另外还有一点，如果你不去侵袭自己的市场，别人肯定会来抢你的市场，所以我们正在不断地跟自己的市场作战，但是我们知道，我们要不断进入新的市场，如果不去不断地挑战自己的话，可能会有人来挑战我们。

第四点是，决策速度。在互联网时代，决策速度往往比决策质量更重要。我们更倾向于快速决策，只要大方向把握好了，就算中间可能会有一些挫折，我们还是要永不停步地迅速决策。

那我们需要什么样的人才？我们企业需要什么样的人才？我们需要一些能够跳出常规思维的人，他不会受限于条条框框、教科书，或者说拘泥于成功的案例；我们需要能够适应变化的人，一些把变化视为常态而不是例外的人；我们需要的人才有这种"just do it"也就是实干动手的精神，而不是光说不干；我们还需要有坚韧不拔性格的人，因为创新需要时间，需要努力，也需要大量的决心。

　　这是我的分享，谢谢！

畅游于一个 VUCA*的世界
——建构可持续的适应性的商学教育

沈联涛 中国银监会首席顾问，香港大学亚洲全球研究所特聘杰出研究员，时任经纶国际经济研究院院长

各位早上好！

很荣幸来到这次的论坛，可以和我的好朋友王冬胜，还有新朋友于刚一起探讨世界与中国的变化。

首先我要感谢我的好朋友海闻院长，我十年前就来过这个学院，当时还是一个新建的校区，也刚刚招收新学生，教员也是新的。从海闻院长建立北大汇丰商学院，到今天组织全球商学院院长论坛，是一个伟大的成就。所以我想代表大家，向北大汇丰商学院说一声"十岁

---

* VUCA 是 volatility（易变性）、uncertainty（不确定性）、complexity（复杂性）、ambiguity（模糊性）的缩写。VUCA 这个术语源于军事用语，在 20 世纪 90 年代开始被普遍使用。随后被用于从营利性企业到教育事业的各种组织的战略新兴思想中。

生日快乐"。但更好的生日应该是十年后，我们都非常期待海闻教授将北大汇丰商学院带到下一个十年。

我今天想给大家讲的是，亚洲在这个时代如何自我定位？商学院又该如何自我定位？

爱因斯坦说，世界是我们全部的思维流程造就的，我们要改变自己的思维，才能改变世界。我们现在面对的很多问题，都来自范式的变化。大家都是世界上最好商学院的院长，我肯定不能用安达信这样的会计师事务所的方式向大家介绍未来趋势，但是我知道亚洲未来确实面临重大的变化，这些变化是一种革命性的，是经济、社会和技术上的全面转变。

我们已经看到地缘政治的变革，人口的变化，以及其他的各种变化，包括于刚先生刚才描述的中国的变化。中国是一个泱泱大国，有13亿人口，同时我们也知道在这13亿人口的消费实力当中，还有许多是这个世界所未感知的。这13亿人口的消费实力的能量之大是这个世界尚未完全体会到的。中国的近邻中有一个国家是印度，印度也是一个人口大国。每一个国家的地缘和人口都非常不一样，正如同每个国家都会有多样性,而随着世界城市化的进程，这一点就会变得越来越明显。

在亚洲已经发生了第三次工业革命，随之而来的是气候的变化、大气污染以及许许多多的改变。还有许多世界性的新情况，比如ISIS、埃博拉疫情、乌克兰局势，这三个全球范围内的热门词汇在八个月前是没有的，今天已经成为人们关注的焦点。所以《易经》讲的"易"即变化，世界就是总在易，有许多新的变化和不确定的东西。

许多我们从前未知的东西，如今如何理解？当前信息的发布速度超过了我们的感知能力。比如纽约证券交易所每天要进行数亿兆数据的处理，信息量每一两个月翻一番。世界各地正在发生非常重要的变革，世界上大量的资源仅掌握在 1% 的人手里，财富如此不均。虽然许多世界性的改革正在悄然发生，但现在全球都很难去应对一些最新的改变，除非它自身能够进行改革。在一些新兴的经济体和市场当中，包括各个方面，都存在这些新的挑战。

比如说 ISIS，你可以把它叫做一个恐怖组织，但它是一个非国家的参与者，它也会创造自己的领土，甚至比一些国家的幅员还要辽阔。如果你看到它的年度报告，会发现它的资金来源可能比 IPO 带来的更多，甚至比公司筹款还要更厉害。所以它带来的威胁不容小视。

未来不是大公司的世界，而是中小企业的世界。之前我们没有听过阿里巴巴、百度、华为等，这是十年前闻所未闻的，但是现在它们已经是市值超过 100 亿美元的公司。亚洲所发生的这些大的变化说明，一个组织一家独大、自上而下地统治世界的模式已经一去不复返了。黑天鹅事件效应这个说法，是对新的改革、新的游戏规则很好的阐述，它是一个以人为本的考量方法。如果比尔·盖茨或者乔布斯不是革命性地改变了信息工业的话，那他们就不会对亚洲供应链产生这么巨大的影响。

回顾过去的十年、二十年，我们可以看到，亚洲也可能会产生新的巴菲特、乔布斯等。投资于人，投资于人的教育，是长久繁荣的前提。而生产力的提高，其本质是来源于创新。商学院就是机构创新的一个代表，如果我们还坚守过去的大学办学原则——象牙塔的原则，我们就不可能有现在的先进方法。要创新，就要考虑亚洲独具的特点、我们自身自强的比较优势。

亚洲的模式是新的，我们之前看过许多这方面的研究，我自己也参与过一些。到 2050 年，亚洲将会占世界 GDP 的一半以及世界金融资产的一半。但是这是在我们现在的趋势能够持续，并且不断更新的假设之下。为什么我们要从全球思维转到亚洲思维？因为亚洲思维代表着非常重要的一个趋势，它超越了之前的经济合作与发展组织（OECD）预计的发展速度。现代企业在亚洲发展，原来的那种模式已经不能够满足他们的需求了，这是当今世界所面临的非常大的挑战。

过去的教育跟现在的教育不一样，因为信息科技对我们的改变是翻天覆地和前所未有的。我们只有顺应变化、只有创新，才能够更好地捕捉这种趋势。一位非常著名的企业家说过："好的企业和企业管理要注重市场，注重国家政策，也要注重于一些创新型经济现象。"它里面包括金融动荡、经济起伏等，这也是能够捕捉趋势的前提。十五年前亚洲金融危机其实给亚洲的转型带来了一个良机，我们现在所面临的问题是，现在的范式已经完全杠杆化了。发达国家的解决方法就是希望能够通过越来越多的债务来以债还债，这样的债务就像滚雪球一样越滚越大。发达国家所用的 QE（量化宽松货币政策）就是中国人说的没有办法的办法，就是拆东墙补西墙的办法。如果通过印制钞票来制造经济繁荣的假象，让这种不良的 QE 政策继续下去，那么经济将会有更多的泡沫，最后也将不可避免地坍塌。这个模式是一个不好的模式，因为如果等到中小企业过度杠杆化的时候，还给它们更多的债务，那么它们可能会牺牲自己的一些股本，其实这对于整体的市场规则来说是不可持续的。我认为，在发展金融的时候，我们需要合作伙伴的关系，需要信息之间的衔接。在数字世界里面，或者是在商业世界里面，如果我们没有风险的共担，很难应对这个不确定的未来。

我在这里最后小结一下，亚洲的未来看起来仍然非常乐观。我刚刚参加了世界银行的年度会议，大家都觉得亚洲的前景仍然一片光明。他们认为，即使保守预计，中国的经济增速放慢到 7%，对亚洲也不会有太大影响。世界都觉得我们肯定会有更多的工作机会，会更可持续地发展，能够更好地解决不平等的问题。

但是世界确实是不确定的，充满了各种变数，所以我们要高效交流信息，而北京大学汇丰商学院就很好地展现了这种合作交流的精神。我们知道北京大学是历史悠久、久负盛名的大学，而汇丰银行也是中国乃至亚洲最大的金融机构之一，所以它们是强强联合并且找到这个风水宝地，在大学城建立北京大学汇丰商学院，更好地把大家的精神、想法汇集在一起。我们希望能够在北京大学汇丰商学院，带着这种合作伙伴关系的寓意，给大家带来更大的连接的作用。

谢谢各位！

新的全球经济背景下商学教育的再思考
——变化及挑战

章新胜 中国教育国际交流协会会长，世界自然保护联盟主席，生态文明贵阳国际论坛秘书长，联合国教科文组织执行委员会前主席

一、商学院发展的全球趋势

我们在探讨商学院的发展趋势时，必须结合全球的趋势。在我看来当前有以下四种明显的全球趋势：

第一，世界正变得越来越小。由于经济全球化的加速发展，全球各地间的联系越来越紧密。如上所述，当前全球治理秩序仍然保持着第二次世界大战后英美共同设计的盎格鲁-撒克逊模式，这造成了一系列的全球治理问题。因此，我们想要问商学院如何能培养出可以参与全球治理的领导人才；更进一步，如何培养能够为中国发展设置议程并创造良好环境的商业领袖,这些领袖反过来还要能够促进全球其他国家对中国的认识和理解。

第二,世界正变得越来越平。换言之,全球经济、社会的发展越来越多地受到知识和技术的影响。在20世纪,以知识为基础的经济发展动力是以下三大科学发现:量子力学、相对论和DNA双螺旋结构。21世纪前半段,上述三大发现主要被转化成发明和科技创新,表现为产业、商业模式和公司发展战略的快速更新,这也为商学院研究带来了前所未有的挑战和历史机遇。德国和美国的公司可以连续经营100年,有非常长的寿命,日本公司也一样;相反,中国公司一直在变换、改造,国有企业被卷入混合经济,私营企业被鼓励并入相对应的国企,这些也给商学院的管理和教育带来了机遇和挑战。

第三,全球气候变暖。世界正变得更热、更拥挤,承载了70亿人,然而中国13亿人口还将增加数百万后才达到峰值。由于地球正趋近其承载能力的极限,我们必须密切关注全球变暖的趋势。

第四,贫富差距拉大。在中国,贫富差距不只存在于东部和西部地区之间,还存在于城市和农村之间。不幸的是,当前盛行的技术、商业模式,特别是互联网和信息科技更倾向于"赢者通吃"模式,而非双赢。但是,我们在这些问题上的分析和研究还很滞后。

二、亚洲商学院的机遇

世界范围内经济及地缘政治影响力的东移已成为当今的趋势。这种转移以中国的崛起为代表,是资本、创新和经济影响力向亚洲转移这一大趋势的一部分——在许多人看来,这是自19世纪末美国崛起为一支新兴力量以来,全球财富和实力最重要的一次再平衡。

第一，亚洲经济总量不容忽视。中国 2012 年的 GDP 约占世界总量的 11%，整个亚洲的 GDP 总量在世界总量中占到 20%—30%。

第二，亚洲有世界最大的市场，拥有最大的消费群体。中国拥有 13 亿人口，印度拥有 12 亿人口，这两个国家的人口加起来就有 25 亿。再加上日本、韩国等其他亚洲国家，亚洲地区的人口要占全球人口的 60%以上。而相比之下，欧元区总共只有 3 亿多人，美国人口也只有 3 亿，加拿大人口只有几千万。

第三，亚洲已经成为世界最大的制造业基地。中国制造业产值在 2011 年已占到世界制造业总产值的 19.8%，超过美国位居世界第一。如今，这一比重还在上升。

第四，亚洲差异性大，发展不平衡，区域一体化进程慢。从整体上看，亚洲变得越来越富有。过去 20 年里，亚洲的国内生产总值平均增速为 8.6%，是世界最高水平，也让本地区感到自豪；在 2008—2009 年的全球危机后，亚洲更再次证明了自己的复原能力。但亚洲同样是世界上异质性最强的地区之一，收入的不平等实际上在扩大。亚洲开发银行最近发布的一份报告就严正地警告：不断深化的贫富差距正威胁着亚太地区未来的繁荣。在过去 20 年里，亚洲的基尼系数已从 39 急剧上升至 46。针对目前亚洲区域一体化步伐缓慢这一特点，今年亚太经济合作组织（APEC）的主题正是"共建面向未来的亚太伙伴关系"。在这点上，中国的步伐值得关注。去年秋天，国家主席习近平先后提出建设"新丝绸之路经济带"和"21 世纪海上丝绸之路"的战略构想。中国学者王缉思就此指出，中国作为"中间之国"，将在亚洲一体化的进程中发挥核心作用。

除此之外，与世界其他地区特别是欧美地区相比，亚洲在工业化这点上确实是落后了。这体现在如下一点上：在 16—18 世纪，占据主流的是"东学西渐",西方要向中国学习;在一个世纪前,中国讲的是"西学东渐",全中国都在讨论怎么向西方学习。但是,在人类文明迈向第三个千年时,一个百年一遇的机遇出现了,那便是生态文明、绿色经济。唯有抓住工业文明向生态文明转型的战略机遇,把原来以交换为基础的生产方式转变为以流转为基础的生产方式,亚洲国家才可能与欧美国家在同一起跑线上赛跑,甚至可能因为其历史包袱较少而获得一定的优势。

最后,对于顶尖商学院而言,东方文明、中国传统中可供发掘的资源很多,譬如"和而不同"、"己所不欲,勿施于人"、"天人合一"。这里详细谈谈天人合一观。国学大师钱穆在晚年时提到:天人合一是中国文化的最高信仰,文化与自然合一则是中国文化的终极理想。亚洲的商学院,特别是中国的商学院在学习西方经验和理论成果外,还应注意拾起自己的"道"——天人合一,不要被科技、创新牵着鼻子走,在选择发展路径上有所为、有所不为。中国的企业家应该以天人合一为企业伦理的核心,讲循环经济,不能再像欧美、日本一样,"先污染,后治理"、"先发展,后保护"、"先保护,后保育"。

三、亚洲商学院的前景展望

亚洲商学院应当立足亚洲实际,用亚洲的视角看亚洲企业和经济的发展。在过去很长的一段时间里,商学院教育将教育重点放在金融技术上,培养了一批懂西方金融知识、尝试用西方经济理论知识解决中国问题的学生(金融人才、管理人才、创新人才等)。那么,这种培养模式是否合适呢?中国的例子或许可以说明问题。在向苏联学习经济体制时,我们误认为苏联的经济和金融制度就是社会主义制度,因此全盘照搬，既不联系中国的实际，也不联系苏联的实际，造成很多规章制度不适合中国国情，行不通。改革开放后，我们着重向西方学习。部分人只看到市场经济的优点，看不到市场经济的缺点。有些研究成果形成了"三部曲"的构架，第一部曲是高音，说西方是怎样先进，西方的理论是怎样说的；第二部曲是低音，说我国是怎样落后；第三部曲是中音，根据西方的理论和经验说我国要怎样赶上。"三部曲"体现出来的是一种模仿，而不是真正的学习。作为学生的中国只学到"术"，没学到"道"，这样就很难走出自己的一条路来。

为了给亚洲一体化输送接地气的人才，亚洲商学院需要注意如下几点：首先，需要有一个合理的课程设置，让学生充分融入实际的商业环境。其次，要给学生安排足够的实地调研，毛泽东的那句老话在新时代仍然管用——"没有调查，就没有发言权"。再次，要有一支有征战商场经验的师资队伍，譬如，哈佛大学就已经设立管理实践（management practice）教席；在中国国内，清华大学的苏世民书院就带了个好头。最后，亚洲商学院应加大对企业责任伦理的研究，培养新的领导力。

商学院需要在四个领域强调企业的责任伦理。第一是社会诚信体系的建立。企业生产的是否是诚信的产品？企业家最关心的是品牌。无论任何产品，没有品牌往往就意味着没有信任。品牌只是一个形象吗？不只是。品牌只是售后服务吗？不只是。我买东西选品牌，最重要的是看它的诚信体系。我买德国的车，觉得它在体系上一定是好的，这就是品牌最核心的价值。第二是社会公益体系。商学院的毕业生们不能光讲慈善，还要关注整个社会公益体系的建设。关于这点已经有不少研究，我这里就只提一点。中华文化里有一条叫"君子之泽，五世而斩"，即辛辛苦苦成就的事业，最多传五代。西方在现代制度建设中的一个制度体系值得研究，就是基金会制度。这个基金会制度能给公益事业以法律的保证，甚至把家族都凝聚在一起。第三是生态环境。我们现在只看到环境问题，还没有看到生态、自然的大问题。我们把森林、海洋等生态系统全线破坏，这种行为终会破坏我们的整个生态系统。大面积的雾霾说明整个生态已经过了拐点，这不是搬几个厂房就能解决的，而需要商学院联合企业家达成一致意见，逐步做成。第四是文明崛起。我们怎么才能产生影响世界的思想？这是企业家们应该时刻思考的问题。世界正处于第三个千年大转型的时期，核心是从工业革命创造的以交换为基础的商业文明转向生态文明。我们一是要建立自己的话语体系，和国际接轨结合，争到话语权；二是要抢占新一轮的绿色发展高地，实现第三次产业革命。

第二部分

变革与实践

引领公司走向未来
——新的全球经济中重建商学教育的价值和关联性

海闻（北京大学汇丰商学院院长）：

我们非常荣幸邀请到世界各地的商学院院长参加我们的主题研讨会，我们也非常期待听到进一步的分享。商学院现在面临什么样的挑战？面对这些挑战，每个商学院会有什么样的应对策略？或是能有哪些未雨绸缪的工作，能够使学生更适应新的世界经济环境？

针对这些问题，我们会依次请教授发表自己的观点，然后进入现场问答环节。

首先邀请 Martin Binks 教授。

Martin Binks（诺丁汉大学商学院院长）：
感谢主持人！各位早上好！

刚才谈到商学院面临的挑战以及应对策略，我想先退一步，想一下我们的学生在毕业之后会面临什么问题。

今天早上的讨论已经谈到如何跳出思维的盒子，如何拥有批判性思维。逐步的创新已经不够，我们需要的是快速创新，需要思考我们能够做什么。我们也希望能够采取一些办法，以更好地鼓励人们用不同的方法来思考，这就是我们所面临的一个非常重要的因素，也是我们的商学院未来发展所需要去考虑的问题。如何帮助、鼓励我们的学生用不同的思维去看到不同的可能性，从而带来更多的解决方案，更好地应对现在所面临的问题？我们就像是从象牙塔走出去一样。

诺丁汉大学商学院已经有十多年的经验，我们要做的就是把这些经验汇聚在一起，研发出能够让我们去互相吸取的精华。我们的商学院里有来自不同国家的学生，比如一期的 50 个学生中有来自中国、马来西亚的总裁。通过把一些课程放在网上推广，我们的一些教务和教学能够在网上进行，这也是创新性思维的一部分。我们面对的挑战之一是如何让人们进行不同的思考，我们希望能够应对这些变化。

海闻：
谢谢您，我们待会继续评论。接下来是张介教授，他是香港大学经济及工商管理学院院长。我们知道香港大学在商科方面发展得很好，我之前也了解过你们的课程。现在请给我们分享您的观点！

张介（香港大学经济及工商管理学院院长）：

谢谢海闻院长！

我很荣幸来到这里。首先我想跟大家讲一下我们面临的挑战，用四个词语概括——现在的世界已经充满了易变性、不确定性、复杂性和模糊性。在这个充满变化的环境里面，世界已经变得越来越全球化，我们的学生需要马上做出改变，以便为整个商业世界带来更大的帮助和贡献。而作为教育的提供者，我们商学院又需要做出什么样的改变以应对多变的环境呢？这就给商学院带来了许多的挑战。

在整个世界里面，都出现了这种互联互结的复杂情况，商界不同的领域都在进行着紧密的交流，而这种复杂性就给商业交流带来了挑战。我们去不同地方做生意，会遇见不同的政府官员、不同的法律法规、不同的文化障碍，这些都是当今商业世界所面临的问题。有一些是可预见的，有一些是不可预见的，商学院的毕业生在刚开始工作的时候可能还需要适应。在纷繁复杂的环境当中，有时候我也会想一个理想的教师应该是怎么样的。

对于教师应该如何为人师表这个问题，我觉得最理想的教授首先应该是专业训练有素并获得博士学位，用数十年的时间埋在自己的专业研究中，像海闻教授；或者是有许多顾问咨询经验的人士，像王冬胜；再或者是有很多实干经验的人士，像于刚先生。他们三位就很好地代表了产学研的一种结合，是一种完美的组合。通过这种产学研的结合，我们也能够把政府决策和商界经验更好地结合在一起。比如说来自智库的人士，我想把这几位先生结合在一起，他们就是非常好的教授阵营。我的学生会很喜欢他们，我自己也很乐意成为他们的学生。

如果我们的学生能够接受到这些教授所带来的真知灼见，我觉得对学生的帮助是非常大的，能够帮助学生更好地适应这种纷繁复杂的环境，让学生们自我调整，跳出盒子思考，并能吸收更多的信息等。

现在的问题就是我们应该如何做。我们可以给学生提供不同的历练的机会，比如说让不同的教授教给他们与战略相关的知识。当然，我们现在还缺乏这种机会来邀请一些久负盛名的教授给我们学院的学生讲课，但是我们会逐步地推进。我非常同意之前于刚先生所讲的，大学和商学院应对复杂世界的挑战的最好方式，就是教会我们的学生如何去学习，我想这一点非常重要。

在过去十年里面，我们已经从"教"转移到了"学"当中，从学习当中学习，从教学当中学习，教学生怎么样去学习，老师和学生一起学习，比如说我们每一个星期都会有互动的工作坊。当然我们还任重道远。

海闻：

下面我们有请康奈尔大学约翰逊管理学院中国事务学术院长陈雅如教授。

陈雅如（康奈尔大学约翰逊管理学院中国事务学术院长）：

大家好！我叫陈雅如，其实我自己是研究社会学的，我们之前关于世界怎么样变化，如何更好地去面对我们刚才所说的易变性、不确定性、复杂性和模糊性，已经有了很多讨论。但是所有这一系列的特征，都应该能够帮助我们更好地去了解人性。其实大多数人都希望能够有更好的社会历练，有更好的社会资源。人们对这种人也会有比较多的尊重，看起来他们总是能够更好地应对这种挑战。其实我们会教我们的学生去顺应，去更好地适应自己人性里的弱点，并且去征服、驾驭它们。

比如说我们说到要有勇气，要有更多的宽容，去应对挑战。这是一个非常难的事情，要做到这一点，我们要在非常年幼的时候，在学习可塑性的阶段，就得到锻炼。我想这也要求改良整个教育系统，去改变它的导向，去改变这个复杂的因素，来更好地帮助学生应对现在的世界。

另外，我想指出的一点是，这不仅是我们整个商学院所面临的挑战，也是整个教育系统面临的挑战。这就是说，不仅是商学院和大学教育需要做一些整体的改变，甚至基础教育也需要做一些整体的改变。我们要如何做到这一点呢？我们曾经有一些相关的项目，我可以分享一下自己在这些项目上总结的经验。

我们在商学院的课堂上会给学生们案例，让他们去进行分析，同时也能够帮助我们去重新思考，现在的世界跟过去有什么不一样，这将对学生未来的工作有更好的指引。例如我们知道阿里巴巴上市，已经迈向全球化了，那它在市场推广、财务管理和人力资源方面会面对什么样的挑战？现在我们还不知道答案是什么，我们也不知道阿里巴巴面临挑战的具体细节到哪一步。这就要求我们的学生——未来世界的领导者——自己去找到这些答案，这也要求他们有一种对所学到的知识融会贯通的综合应用能力。我想这是商学院所面临的另外一个挑战，我也认为这是大多数商学院能够教大家做的。

当然在一些商学院里面，可能会缺乏一些类似的课程设置。比如说我们有一个案例研究大赛，在这个案例研究的模拟大赛里面，我们邀请了一位世界知名的 CEO，这位 CEO 认为实际上许多 MBA 学员缺乏的是持续性地完成这个项目的执行能力。

我的观点可以总结为以下两点：第一，我认为应当鼓励重新思考，并改变传递知识的方式。这也要求我们的学生能够更好地掌握知识，并更好地把知识传递到世界不同的地方，去解决复杂的问题。第二，我们的学生需要的就是能够得到更好的训练，拥有结合不同学科的知识的能力。这也回到了刚才我们所说的教授激励机制，他们需要自己去进行跨学科的学习，这是体制所带来的一个挑战。希望在未来五年，我们能够有一个比较好的应对方案。

海闻：

非常感谢陈教授！我们现在邀请来自密歇根大学的 Davis-Blake 教授。

Alison Davis-Blake（密歇根大学罗斯商学院院长）：

刚才几位教授都讲到了挑战，我们知道其中一点是现在的复杂情况所特有的，就像于刚教授刚才所说的，我们要教学生怎么样学习，学习的能力非常重要。我想在许多美国顶级的商学院，曾经遇到的危机就是怎么样找到更好的训练方法，包括一些基础的训练。我们也知道许多公司在大学招聘，会举办一些比如说案例大赛。但是很多时候课程的设置会失去平衡，就是一度失控，也会有一些不充足的情况出现。我们在运用一些方法的时候，要有很好的框架，所以我想这是第一点挑战，我们要有很深层次的分析。

第二点挑战是必须要有跨学科的能力，来解决更复杂的世界级的问题，之前大家已经谈过我就不细讲了。

第三点我想谈一下，也是我们几位在之前发言当中已经讲到的，一个比较典型的教育体系可能更侧重理论的教学，显然现在很多学校已经积极地接触到实干或者实践的教学，我们有更多的基于实践的教学。如果我们能够让学生有更多的分析深度、有跨学科的能力，他们就可以通过实践的机会去应用。密歇根大学在这 25 年来把学生派到各个行业，在 EMBA 第一年的课程当中，85% 的学生都在学他们祖国以外的工作经验，这样使他们能够真正接触到公司问题，而且真的是拿到一些模棱两可的信息，对这些未组合的信息加以分析，提出解决办法。我们必须要将更多嵌入式的学习加入到他们的课程表当中。Martin已经讲过，如果只是把他们放在一个环境当中去学习，其实还不够，因为更可能引起一种混淆，所以要给他们更多一体化的整合、分析的工具，然后让他们带着工具到现实当中尽心学习。

Hellmut Schütte（中欧国际工商学院副院长兼教务长）：

我来自中欧国际商学院，我马上要讲的是国际化的问题。王冬胜先生已经谈到过这个问题，我想对于中欧来说，这是一大挑战。因为市场对于管理教育的需求非常庞大，我们未必有更多的海外人才，而我们国内已经有很多人才了，但是另一方面要通过这种多元性来丰富我们的知识，这也许是非常必要的。显然现在对于国际化的需求很高，像汇丰银行在70多个国家都有业务，中国很多公司也都在走向世界。但坦白说，中国走出去的战略还不太成功。商学院国际化整体的目标就是必须给予我们的学员，或者可以叫参与者，一些比较性的视野。他们不能只知道中国发生的事情，还需要更多比较地看中国、看外国，这样可以知道哪些有用、哪些是最佳实践的看法，我觉得这个也是非常有意义的。尽管他们在中国接受教育也是很重要的。

另外一个维度是商学院国际化，我们现在有很多交换生的项目，再或者是用一些混合的学习模式。在过去两个星期，我们非常积极地在美国、英国、德国、意大利等多地举办了活动，我们在中国有三个校园，在非洲有一个校园，我们还在进一步增加我们校园的所在地。我认为我们不应该只有单一文化的教授，或者说不应该有那种没有接触过外国文化的教授，我们的教授至少要有去外国进修或者上课的经验。当然我们也要有多种不同背景的学员，来自不同国家的参与者。

学术界很多人喜欢我这个提议，也就是说我们不要把商学院看成是一种学术机构，虽然我们这种教授也要写四五十篇论文，这个实际上意义是不大的。更重要的是我们应该把商学院看成是一种提供专业服务的公司，比如说大型的会计审计机构，或者医疗服务机构。如果从这个角度来看商学院，显然它们已经展现出商业的意义了，商学院实际上也是一种商业服务的提供者。

其他的这些行业公司已经可以把本地的、全球的知识良好地结合起来，而且它们的分支机构也遍布全世界。我觉得未来商学院的一种模式，就是让商学院不扎根于某一个国家，商学院应该是遍布全世界。在2020年，可能有一些一流的或者是主流的商学院，能够真正成为全球性的商学院，这样它才能够更好地把本地和全球结合起来，给予学员更好的全球视野。

海闻：

谢谢！接下来有请来自长江商学院的项兵教授。

项兵（长江商学院院长）：

谢谢海闻教授，感谢各位！我们学校已经有12年历史了，比北大汇丰商学院多两年。我们成立的时候，已经想过颠覆创新，不光是理念的改变和人口结构的改变，我们也想到了社会的一些变化，包括收入不均、技术的颠覆创新以及全球治理的缺位。面对大量的干扰和缺位，当我们设立商学院的时候，首先考虑的是一定要成为一个真正全球化的商学院，因为中国正在走向全球化。中国要竞争，必须面对全球的竞争者，比如说在深圳有很多全球供应的资源，所以即便你不走出中国，在深圳也已经有大量来自全球的竞争者了。所以对任何人来说，全球化都是不可回避的挑战。这是第一点。

第二点我想说的是，针对金字塔顶部的人群，我们设计商学院的时候考虑到，这部分人在面对现代社会这么多的干扰和颠覆时，可能想去商学院回炉再造，这就要求我们能够符合金字塔顶部学员的特殊需求。

第三点，他们到底需要学什么？他们需要超越传统的营销、金融、财务的知识，这些早就讲过了，所以第三个就是要把人文知识中和到我们的课程当中，更加多元化，而这个是很受欢迎的。

第四点今天早上讨论过了，我们的角色是什么？商学院跟阿里巴巴的马云相比，或者跟中石化的傅成玉相比怎么样呢？当然他们在自己的行业中是专家，他们有经验、有思考，所以我们绝对不可能取代他们，他们取代我们就更不可能了，所以我们的工作还是比较稳固保险的。像CEO这一级别的人，他们需要结构性的方法去展望未来，去看穿未来的不确定性。能够放眼看到未来的发展，这对CEO层面的人是非常关键的，他们有这样的智力和能力，不需要再去考虑太多的竞争，而更多的是考虑合作。所以新的一些维度，也许因此而不同。

第五点，我们还需要有更宽广的关于商学院的看法，特别是在中国这样收入差距愈加明显的国家。我们要考虑为什么要做商学院？怎么样更好地做生意？你创造了财富又该怎么样使用？所以商学院要从根本上让自身有社会价值，这个很重要。如果你很成功的话，在中国一定要有社会意义，这个也是非常关键的。从推广这种创新的角度来说，我个人非常鼓励不光是参考密歇根大学、康奈尔大学的模式，而应该用一种全新的思维模式。因为东方已经落在后面了，现代东方像中国、印度这样的国家应该奋起直追，我们不要等西方去把所有的成功模式都摆在我们面前再去追随，我们应该更加勇敢地去创造新模式。所以这也是一个双行道，不光是说我们要跟西方去争，我们也要去解决人类的一些基本问题。我们还要考虑在这么复杂的情况下我们可以做些什么，怎么样去面对这么大的复杂性。中国有六个字"取势、明道、优术"很好地概括了，我也想学习我们前人的智慧。

感谢大家！

海闻：

谢谢项兵教授！接下来有请来自新加坡国立大学的 Yeung 教授。

Bernard Yeung（新加坡国立大学商学院院长）：

谢谢各位院长！大家好，首先要感谢北大汇丰商学院主办这一次非常有意义的论坛，也祝贺北大汇丰商学院十周年院庆。希望下一个十年的庆典，会是更加成功的，这将是让人非常期待的一次盛会。

听了这么多发言，我不断想起我在三个星期前看到的一篇文章，我记得有 69 页，讲到中国的管理创新，是写得很好的文章。其中谈了好几点，现在回想起来，让我意识到我们从中国的经验当中学到的比向西方学到的更多。

为什么会这样？显然我们现在深圳，这是一个很好的地方，因为深圳就像一个总部，比如华为、腾讯还有很多公司的总部就都在深圳。那你想一想，深圳就好像是一个满地石头的荒地，在石缝当中冒出新芽，这个芽穿过土地茁壮成长为参天大树，这确实是一个很好的象征。那么我在想这个对学术有什么意义？这让我想到我们的一个根本使命。我们的使命就是要把对于社会的观察转化为系统性的知识。我们商学院的第一个使命就是要建立知识，所以这里我想先用现有理论进行机械应用，同时基于我们对于现实的观察，看怎么样把机械的观察应用到理论当中。实际上在 20 世纪 80 年代的时候，我们已经应用了很多日本成功的经验，我们对它的成功经验非常敬仰，也尽量在模仿。

但是我们还要回到基本的贸易活动当中，加以观察并建立理论。运用因果原理和逻辑体系，我们开发出了可以积累的系统知识，这是我们商学院做的第一部分。第二部分其实通过这样做，我们也在帮助中国和世界的其他地方，来更好地、更有效地迈向全球化。第三部分我们为学生提供更多的培训，也为商学院培养下一代的领导人。

回到之前几位院长所谈到的，在制式教育中如何给学生提供更多的培训，这个背景非常重要。来看一下，我们要做什么？从院长的角度来说，前面我们已经描述了一个愿景。从亚洲的情况来说，我们要有更好的知识体系，来提供未来领导人的培训。这是第一点。

第二，我们要求所有的教职员工想一下我们应该怎样做。要记得三件事情。

首先要有实干性、相关性。不要总是赶超欧美，不要盲目学习别人，因为对别人有用的不一定对你有用。但是最重要的是要有信用，有信用就是可靠，可靠的意思就是你言必行行必果。

其次，你也要知道什么时候是正确的。就是说你总是会对你所做的这个事业非常投入，从非常积极地学习，到非常积极、有活力地实践，这也是我们所关注的，比如说从教学的逻辑，到实证，再到其他的教学发展。我们要有自己的一个独特的方面，比如说我们所说的大咖，这些巨人，其实他们也是一些泡沫。我们会有后浪推前浪这种说法，所以其实大咖也是更新换代的。因此我们要实干，我们要做的事情就是要有更好的影响，要有更好的领导和研发。我们要有实干性、相关性，还要有更好的逻辑教学。

我们所面临的挑战就是，要改变我们的教职员工其实是不容易的。当我们在培养博士生的时候，我们希望能够去捕捉到他们的心灵，能够让他们有勇气、有能力去挑战传统的智慧——虽然您获得了诺贝尔奖，但是您的理论不是在所有地方都适用。

最后是实干和活力。对于学生来说我们要让他们非常努力地思考，比如说如何把学术和实践结合起来。许多不同的商学院都会有不同的方法。比如我们会让实干者跟我们一起开发相关的课程，我们也要求这些公司的商界领袖帮助我们开发一些实干的项目，让公司的执行总裁去进行案例的推行。同时我们也会要求他们，比如说白天在学校上课，晚上可以去一些在晚上还加班的公司观摩。同时我们也会希望学生认识到，世界已经不一样了，如果要成为领袖的话你就要知道这个世界总是在改变的，你要有自己的一个判断力，只有具备这样一种能力，你才可以把不同的点联系起来。

其实我觉得最后一部分有非常重要的一个内在方法，所以我们能够更好地把不同的商学院建设成一个社区，能够更好地去帮助我们做到这一点。

谢谢！

海闻：

非常感谢您的演讲！我在这里也想跟你们分享一下北京大学汇丰商学院在这里的一些思考。

我们在设计这个项目的时候，会看现在面临着什么样的情况。其中一部分是价值体系，对于学生、商界来说都是如此，比如说经济快速增长，许多人寻求更多的是快钱，他们可能不会考虑其他的因素。这是第一个问题。

第二个问题是社会变化得非常快，学生可能很难坐下来安静地学习。当他们在学习的时候，尤其是在研究生层次，学生希望能够尽快毕业，尽快地融入社会当中，所以他们很难去安静地学习。比如说北京大学，他们觉得有了这个学校的毕业生的名分，就很容易找到工作。

所以大学的名声响不响对于学生找工作很重要，我觉得这是一个挑战。

另外，中国已经成为非常重要的全球经济体，但是我们还缺乏一些具有外部思维的人，比如说经济、文化、社会上的思维等。所以对于这些问题，我们也进行了一些努力。首先，我们希望能够有非常好的价值体系，同时我们也希望能够向我们的学生传递这种不同的责任。比如西点军校的校训，就是把价值体系与国家荣誉联系起来，其实我们也从中吸取了一些灵感。比如说无论你自己个人事业有多大的发展，我们都希望你能有治国齐天下的精神。我们同时也认识到，这种价值观不仅对个人的发展很重要，对社会也同样重要。其次是通过在我们学校国际化的学习，你要有一个相关的愿景。在国际化的学校和多文化、多背景下，我们能够让学生不仅去想想自己，也去想想整个世界，这是一个比较庞大的愿景。

第三个问题是能力，就是学生应该如何应对未来挑战的能力。在知识的传授里面，其实我们也会有双学位的课程。在双学位的课程里面，他们能够组合不同的学科。

比如说北京大学是中国最负盛名的大学，我们每年的毕业生是全国高考中前2%的最优秀的学生，他们在未来可能从政从商，成为非常重要的政策制定者，所以知识对他们来说非常重要。如果他们从事金融，要有金融学打底。当然我们在金融方面也有不同的学生，其中的一个项目只有二年级之后的学生才可以修，我们希望学生在有限的时间里面能够感受到跨学科的意义。

说到实践的时候，在上个学期我们的确有一个课程会邀请一些商界的人士，这个课程叫做企业家的实践课程。我们邀请商界的人士来到这里，跟他们去进行交流，让他们知道除了知识以外，现实世界是怎样的。我们通过这种方法，让学生做好迎接现实生活挑战的准备。

现场提问：

我来自匹兹堡大学商学院，在 MBA 的课程中，很多学员都专注于事业发展，专注于找到好工作，对此坦白地说我们商学院的人都很理解。但是很多机构，像《经济学人》《经济时报》对我们的排名很重要，别人总是通过排名评价我们。我们也意识到，这种排名和评价不是完美的，也许离完美还差得很远。排名就好像对于管理工具提出一个骨架的概念一样。我的问题是，各位院长有没有觉得，这些排名不管是不是适合我们学校的宗旨，但是至少市场比较看重排名，我们应该怎么样管理这个排名？而如果学院太关注自己的排名，会不会又导致我们的院长比较短视，只看短期的排名，而忘记了长远的宗旨？我想很多人都提出过，我们不是要培养一些能够马上找到工作的学员，而是要让学员能够有更好的、更长远的技能和水平。所以我们讨论过，很多孤岛必须要联通。很多公司在校园里面都在寻找具体岗位的人选，他们在这里招人都找具体岗位的。如果你觉得你真的是跨学科的话，可能就没有办法很好地满足公司这种非常有针对性的要求。我们想培育很多学科，但现实让我们束手束脚。

Martin Binks（诺丁汉大学商学院院长）：

我觉得你提出了很重要的一点，排名反映出了更深层次的问题。今天很多人讲到多文化、熟练度的一个概念，或者说缺乏多学科能力的现状，我们在问，为什么会缺乏多文化、多学科的能力？为什么以前没有去鼓励？为什么我们以前提出了，但是没有能够让学生更好地迎接未来这种创新的挑战？为什么会有这么多的惯性或者惰性？其实很多学员，包括我们的教员，可能没有这种紧迫感。很多学员和教员并没有我们今天几位发言呼吁的多文化、熟练度、跨学科能力的紧迫感,而我们的考核体制也是鼓励学生去追求比较狭窄的事业发展策略。学生觉得只需要学习某一种类型的知识,但随着时代的发展,这种模式越来越赶不上需求了。我们需要能够让他们拥有一种更多元化的处理能力。所以我们要鼓励我们的学员和教员,要有这种紧迫感,要能够更好地拥抱多元化、跨学科的教学途径。

Alison Davis-Blake(密歇根大学罗斯商学院院长):

你讲的是一个很重要的观点。其实学生也有很大的压力,学生要找工作,而且不能够跟我们这种深度学习有一定的冲突。作为商学院的领导者,我们必须意识到排名的重要性,但是不能为了排名而去排名,盲目管理是不够的,我们要成为更负责任的领导力的角色,要更好地为学员服务。我可以举一个非常简单的例子,我们学校和其他学校可能都经历过这种危机。实际上这些学员很多都是参加各种俱乐部,到处飞,没有太集中精力学习。两年前我们提出了一个简单的概念——专注学习,也就是说每一个学员要对自己课程的学习有更高的承诺度,不能太过散漫。我去过很多学生论坛,跟学生讲为什么大家会担心找不到工作。实际上过了一年之后,公司招聘的时候更高兴了,它们其实并不是专门为某一个职能部门来招人,更多的是想招一些对全方位的知识都有所了解的人,有一些学生也有了更好的求职表现,因为他的知识广度、分析深度更好了。所以我们现在想需要做什么?怎么样能够确保实现呢?实际上一方面要排除排名的政治性因素,另一方面我们真的要出手做一些事情。

陈雅如(康奈尔大学约翰逊管理学院中国事务学术院长):

之前有一位人力资源总监到康奈尔大学做了一个发言,说过去他们在公司内部培训中一直坚持二八法则,即 80%专注于技能,20%专注于胜任力;但现在反过来了,他们觉得胜任力有更长远的生命力,胜任力才是真正能够长远建立起公司所需要的领导力的根本元素。所以我觉得，我们好像都认为这是长期和短期的取舍问题，其实这并不是一个取舍。我相信很多学员，他们可能会有更创新的思维、更批判的想法，更有社会责任感。这种学生的特点也许未必跟他的短期追求有冲突，跟短期想找工作这个目标也不矛盾。同时我也了解到，我们很多的学生在开学之前会参加某一些公司的推介会或者宣讲会。所以我们招的这些学员，其实本身招进来的时候已经是被一些公司相中。如果他没有被公司相中，我们也没有办法把一个不能够被公司录用的人培养成一个一定会被公司录用的人。所以招生的时候非常关键，我们招来的学员本来就应该有一些基本的胜任力，本来在这个市场上就应该有需求。我之前讲过，我们要回到商学院最擅长的，要知道我们能够做到什么，知道我们是谁，知道我们不是谁，这个是非常关键的。我也相信我们作为一个学校，非常依赖于校友的捐赠，所以真的需要有领导者，需要建立起未来的领导力，因为整个体系就建立于校友的成功捐赠。这是我对于您这个问题的一个回应。但我不是院长，所以我没有排名的压力。

项兵（长江商学院院长）：

在一开始的时候，我们也决定要跳出盒子思考。如果你不跳出盒子去思考，你要怎么样去做呢？我想说的是，我们的学院其实也不是热衷于排名，但是我们希望能够真正地为世界的商科培养出全球的竞争者，能够更好地处理压力。同时我们也会聚焦在一些比如说马云先生这样的商界奇才身上，当然要复制他们的成功很难，只是说我们觉得他们身上体现了很好的批判性思维。比如说你要有非常好的学院的教授，有非常好的教职员工，我们希望能够在培养当中有更多的了解，能够让他们去进行相关的处理。其中我们可以看到，他们也会在跟中国、跟全球的交流当中建立非常好的联系。我们要有一个向前的思维，结构性的思维，这是非常重要的一步。现在对于企业家成功的模仿，许多人都会趋之若鹜，所以我们可以看到有不同的模式、不同的方法能够更好地做到这一点。我们可以首先摆脱一下排名的压力，在我自己的创新里面，我觉得这种排名不是最重要的。

Bernard Yeung（新加坡国立大学商学院院长）：
我有三点要跟大家分享。

首先是排名。我们要去聚焦所收到的信息并对信息进行回顾。排名里面所谓的信息只是一种参考，我们在排名出来之后要去分析，要想想自己有什么需要改良的？如果里面给我们的信息能够告诉我们可以怎么样从其他的学校学习，那就非常有用。所以排名可能提供给我们有效的信息。

其次是学生。MBA并不是说都是以盈利为目的的。至少我曾经在世界的许多地方看到，有不同的商学院的学生，他们都保持了制式的可能性，他们做很多事情不是说单单为了钱。当然钱是他们之前经商的目的，但是他们的确在制式上面有很多启发性和灵感，他们是好奇的学习者。

最后是教职员工。我们最主要的挑战，还是来源于教职员工的发展。当你有了很好的教师的时候，那么事情就可以按部就班地展开。最重要的是，我们怎么样能够从教职员工入手，有自己一个比较好的价值体系。比如说你在拿到博士学位的时候，就好像你拿到了你的通行证，那么你就知道你能够发挥什么样的角色。但是最重要的是你要正直、刚正不阿。

而且，你要有创新性。如果你尝试去创新，尝试去把传统的智慧进行改良和再应用，那么它能给我们带来更大的改变。这就是我们所说的，能够去彰显，去表现。因为我们认为，我们自己并不是单单做一个积极的改良，我们有非常好的学生，我们能够有更好的需求、积极的改变，我们希望能够有更好的教职员工，能够帮助我们再次重新树立我们的价值观。

Hellmut Schütte（中欧国际工商学院副院长兼教务长）：

我在这里补充几点。比如说学生着急毕业，他们只希望找到一份工作。在商学院里面我们是供应方，并不是需求方，学生是我们供应给社会的，我们要考虑需求方。商学院拉高了教育的费用。比如说你有几个孩子都要上学的话，其实是比较沉重的一个负担。针对这个情况，我们会有不同的资助方案。

在输送学生给社会的时候，我们也考虑应该在课堂培养中做什么？比如说在许多不同地方的大学课堂里面，老师还是在讲台上面站着，进行填鸭式的教学，这是最枯燥、无聊、僵化的方式。我们应该有更多互动的方法，让学生有更高的参与度，这就是为什么我们说，我们要有相关的改良，以更好地帮助我们做到这一点。这也能够让学生们在接受培训、教育的时候，有一个长久的知识和价值观的塑造。

项兵（长江商学院院长）：

但我们 EMBA 的学生就不想这么早毕业，我们会有一个 EMBA 的博士培养项目，他们希望有更多后续的学习。

第三部分

争议与应对

发扬全球创新和企业家精神
——商学院和企业的合作

论坛由南开大学商学院院长张玉利教授主持,多名世界各大高校商学院院长,就商学院能否培养、如何培养具有创新意识和创新能力的未来企业家,以及如何与企业合作来促使这一目标的实现等问题进行了深入的探讨。

张玉利（南开大学商学院院长）：

非常荣幸，我能来此听取发言嘉宾关于创新与创业的主旨演讲。在一个月前的天津夏季达沃斯论坛上，李克强总理做了长达40分钟的演讲，深入探讨创业问题，比如，如何鼓励创业、弘扬创业文化甚至提供创业保障。可见，关于创业的讨论已经遍及中国大江南北。我们今天邀请了八位尊贵的演讲嘉宾，我希望嘉宾能与我们就创业问题，特别是大学及商学院中的创业教育，进行积极交流与思想碰撞。如今的问题是：我们能教授人们如何创业吗？中国与亚洲新一代创业又会是怎样一番景象？有请我们的演讲嘉宾，大家欢迎。

Martin Binks（诺丁汉大学商学院院长）：

非常感谢您！我是诺丁汉大学商学院 Martin Binks 教授。我年事已高，并且在这个领域从事了相当长时间的研究。自偶遇著名经济学家约瑟夫·熊彼特后，我便开始投身这一领域。如有机会，你们应去读一读他所著的一本书，该书囊括现今所有理论，你们便会明白创业的迷人之处以及创业对经济发展的贡献。

我读了该书，然后就从1983年开始投身创业领域。其中一个问题已经提及，即是否可以教授人们如何创业，或创业精神是否能通过后天学习获得？这一问题的答案是：你们可以轻而易举地教授创业领域的某些方面，但其他方面只有置身于决策过程中才能习得。当一个人从事创业教育，他必须尽力做到，不仅只是教授金融等学科知识，而且是为学生创造条件让他们能像真正的企业家一样做相似的决策。

我在上一次讲座时提到，诺丁汉大学采取了一种新的方式。具体而言，我目前教授的所有学经济的学生可大概分为两组，每组400名学生，一共800名学生。他们被分成5人小组，我们会邀请许多行业导师及当地商人来指导学生分析实际情形，制订解决方案并提出想法。

这样的教学设计是非常重要的，因为学生能够共同制订解决方案。这些方案并非显而易见、墨守成规，而是有别于他人已在着手的方案，或以新方法尝试旧方案。

另外，我们也设有创业领域的硕士课程，并与其他学校合作，因此我们可提供电子计算机科学、文化研究及电子工程方面的创业。创业教育中常缺失的一个重要方面是：不仅要立足商学院，而且要商学院学生有能力与不同地域及学术背景的学生共同工作。我们在诺丁汉大学便是开展以上各个方面的工作。

Shekhar Chaudhuri（希夫纳达大学管理与创业学院院长）：

感谢 Martin Binks 教授的发言！我是来自希夫纳达大学的 Shekhar Chaudhuri 教授，我在创业领域已经进行了十多年的研究。今天我将讨论"发展全球创新与培养全球企业家——商学院与业界如何进行合作？"这一主题。我会给大家讲讲我目前供职的机构，即希夫纳达大学。

我先介绍一下这所大学。这是由希夫纳达基金设立的全新大学。希夫·纳达（Shiv Nadar）先生是印度 HCL 技术公司的创始人，该公司成立于 1976 年，主要制造电脑，如今已成为拥有 65 亿美元资产的 IDES 信息技术服务公司，在 15 个国家均有分支机构，共有超过 95000 名员工。他设立这一基金以支持教育事业与其他相关社会发展活动。希夫纳达大学正是他所启动的事业之一。虽然这所大学建校时间不长，但已经开设工程学院、科学学院、人文学院、管理与创业学院，它今年还开设了 MBA 项目。

我们决定侧重管理与创业，因为我们感觉这正是印度所亟须的。印度在各行各业都有很多传统企业家，他们都取得了很好的成就，但是同时，我们仍然需要找到创业的动力，因此我们认为有必要开设这样的项目。我们设立的是全日制的 MBA 项目。但是在 MBA 项目中，我们决定关注企业家，关注一些独有的特点，比如一家公司的设计或创新。去年我们聘请了一位哈佛大学的教授，他设计了该课程，为我们开设了教职工工作坊。这是他为这所大学的教职工专门开设的，该课程为期两天半，我们都参与了这一课程。他认为如果学生一毕业或毕业几年后能成为企业家，他们必须以创业思维武装自己，想客户之所想，了解客户的智慧。这就是我们通常所说的学习，为此，我们让学生，尤其是大一新生，为投身新事业而学习。对于大三学生，我们将开展实践类课程，期间将邀请导师、风投公司为学生提供研究结果等。该项目有两大重要课程。我已经阐述了我们所要做的工作，这是十分重要的。因为在授课期间，所有希夫纳达大学的新生将负责一家企业的运营，从而培养优秀的能力。两年后，他们不一定要找工作，因为基于过去两年的表现，他们可以说已经找到了工作，他们在这些工作中有的使得销售额翻倍，有的策划了商品推广活动。

我们另一个项目名为"制造业商业领袖"项目，该项目奖励至少有五年工龄的工作者。这耗费了我们十年的时间来追溯并最终实现项目目标。两大印度工程管理类顶尖学府与我们取得联系并展开合作。我们大力发展该项目已有一年，在国内各地设立了不同的工作坊，也得到了日本公司的支持。对于日方公司而言，也希望与这些工作坊进行合作来开展这一项目。每年有 40—50 名学生毕业，这已经是第七个年头。

谢谢各位！

Stefanie Lenway（圣托马斯大学欧普斯商学院院长）：

大家下午好！我是圣托马斯大学欧普斯商学院的 Stefanie Lenway 教授。我希望谈三个方面。

其一，社会创业。在欠发达地区解决一个孩子的教育问题需要花费 100 万美元，最新数据是由印度商学院得出的。这就是我们常说的不平等与经济增长，而社会创业是解决不平等所致问题的途径之一。这就是你们应当关注的方面。我鼓励你们参与其中，因为这并非政府资助的社会项目，而是人们投资的可持续服务事业。你能够通过社会设施开展一项生意。

其二，令我感兴趣的是你能否在中国进行创业？因为如果你想成为一位企业家，你需要愿意尝试失败。我刚刚了解到北京有依靠政府资助的企业家。我不确定依靠政府能否让你成为一位真正的企业家，因为你不会了解自己客户的真正需求。因此我认为这便是你们需要思考的问题。其中一名调研者表示中国将会有 800 万企业家，这十分振奋人心。但是如果他们都依靠政府资助，不能自行淘汰，这种情形不可能长期存在。

其三，你们中间有多少人参与过商业计划竞赛？我看到有五个人举手，我鼓励你们自行组织或管理。商业计划竞赛是指你想到一个点子，然后去寻找乐意听取这个点子的人，有时候他们会自己找到你。如果这一点子已经颇具框架，那么该点子将成为一枚强有力的砝码，来获取潜在投资人的反馈及筹集企业家所需资金。

因此，进行社会创业、从失败中吸取教训、了解商业计划竞赛就是我今天想与大家分享的三个方面。谢谢诸位！

吕源（汕头大学商学院院长）：

大家好！我是吕源，来自汕头大学商学院。在座各位也许并未听说过汕头大学，但你们一定知道李嘉诚先生以及李嘉诚基金会。汕头大学是唯一一所由李嘉诚基金会创办的大学。实际上，我自 2013 年 10 月起接管商学院，至今也只有一年零一个月。我认为，作为商学院院长，我们也是企业家。今天我是唯一没有系领带的与会者，这让我与在座各位截然不同。企业家不系领带。我将会向你们阐述我们的计划。

我们非常感谢李嘉诚基金会的支持，近日我们出资建设了一所新的大学，即广东以色列理工学院。在 2014 年 5 月，我们邀请了一位非常著名的教授 Nakao。他给我们的学生开设了一个创新工作坊，这是非常有趣的行动学习课程。

因此，首先我想指出企业家都是行动者。我们必须着手干些实事，创业即行动。我认为传统的商学院是为跨国企业培养职业经理人，但如今，我发现创新与创业已成为最流行的两个词。商学院之所以强调两者是由于创新与创业是社会可持续发展的唯一动力。因此，我首先谈的就是：创业即行动。

其次则是创新与创业能否被教授与学习。我相信是可以的。最近我们在汕头大学有过相关讨论，我们希望切实减少或消除不同领域的界限。如果你希望学生具有创业精神、创新思维，那么他们必须开放眼界，去发现难以想象、非理性或不合逻辑的事情。因此，对于工程专业的学生而言，他们必须制造出产品；对于商学院的学生而言，关键则在于如何销售产品。我认为你能够理解，如果我将两组学生放在一起，他们会相互学习。这样制造与销售将相辅相成，创业就成为可能。我也相信每一个人都是潜在的企业家。想一想你的生活，如果每天去教室你选择不同的路，这算不算一种创业？我想这是一种创业精神的表现。如果你尝试不同的事情，你将从中学习。

最后，我想说我们需要自信。如果观察中国企业家，就会发现他们有着不同的思维方式。最近，我举行了思维方式论坛。该论坛由汕头大学艺术与设计学院和商学院共同组织。我们探讨了思维方式、战略计划及房地产销售。是否由于中国文字有发音和形态从而使得中国企业家能同时用左脑与右脑思考？著名思维研究者丹尼尔·平克就此还写了一本书《全新思维》。他认为 21 世纪也许是最伟大的时代，亚洲人民拥有一些优势。他并未否认左脑思考的重要性，左脑思考主要是逻辑性与数理性的，但是我们应当相信，全球创新及国际思维在将来会是左右脑相结合的产物。中国企业家生来就用右脑思考。

这就是我想谈的三点。谢谢各位！

Loïck Roche（格勒诺布尔管理学院院长）：

大家好！我是 Loïck Roche，担任格勒诺布尔高等商学院院长，也是法国高等商学院系统的主席。我的学术背景比较丰富，我获得了法国高商学士学位，并且获得心理学、哲学、管理学等方面的多个博士学位，关注商业、公司以及组织机构等问题。

如果你们希望占领体制的高地，就需要自己跳出体制；如果你们希望改变一个公司及其管理方式，就最好置身其中。我不认为创新十分有趣，但是为何创新这么重要呢？因为这是公司亟须的。对于所有公司及组织，最亟须的就是创新。因此我们的目标就是在学习结束后，必须能够进行创新。你们要能创造一个能够生活和工作的世界。古今对比，最显著和重要的变化是，过去的使命十分简单，我们教会学生解决问题，因为我们认为学生在职业生涯中可能会遇到相同的问题；而今，这截然不同，没有人能知道未来的景象，所以你们必须自己去创造。因此你们的工作就是发展自己的能力，并进行创业从而管理公司。对于我们最为重要的一点是，待到你们学成之时，能不拘于一格，不囿于所学，随心所欲地开创自己的未来。

谢谢各位！

John Ryan（创新领导力中心主席）：

大家好！我是第六位发言人 John Ryan，之前的教授们已经提及了我准备分享的全部内容。

我的第一份职业是美国海军飞行员，驾驶喷气式飞机等。创新是非常重要的，这让我在服役的 13 年内幸免于难。之后我去了大学任教，并有幸成为学院的主席，而后担任纽约州立大学的校长。多年前，纽约州立大学设有 64 个学院，拥有 45 万学生。如今，我的第三份职业是担任创新领导力中心的主席，我打算谈谈 Martin Binks 之前谈及的一些方面，即创造思维及商业思维。

我想说，最为重要的是你们不是要成为技术性或使用领域的专家，而是要成为具有创造力的领导者、创新性领导人。如果想要在未来有价值，你们必须明白的是领导者创造世界，富有创造力的领导者将会创造未来。那么要成为富有创造力的领导者需要付出怎样的努力呢？

首先，你们需要在商学院学习技能和方法，以成为具有创造力的人；你们也将在商学院学习或者培养已经掌握的思维模式，比如好奇心、忧患意识、别人对你的信任等。这就是创造思维与商业思维相得益彰的体现。因此，首先要习得这些技能和思维方式，这些将会助你成为一个富有创造力的领导者。

其次，并非只要求人们具有创新性或创造力，而是要创造一种文化氛围以推崇、承认、鼓励创新和创造，这样才能让你发挥自身价值，创造未来。这就是你们大多数人能够做到的最具创新性的事情。这对于学院的院长或一家公司的 CEO 也至关重要。我每年都会与世界 2000 多家机构接触，这些公司的 CEO 都希望在座各位年轻人能够首先把自己作为领导者，推广实际经验和方法。但是最为关键的是你们在这里的所学所得将不仅能助你们与商学院的学生进行合作，也有利于你与来自工程或历史学院的学生合作。这些将有利于创造一个富有创新与创造力的多元化团队。

以长者为师，听取他们的建议；以领导者自处，在未来大展宏图。非常感谢各位！

Chris Styles（新南威尔士大学商学院院长）：

大家好！我是新南威尔士大学商学院院长 Chris Styles。在得知会议主题是创新与创业后，我特别想与大家探讨两大核心假设。第一，商学院应当不仅仅是培养能为企业所用的毕业生，也要培养那些能雇用他人的企业家。我认为这对于经济和社会发展都具有非常重要的贡献。第二，富有创业精神并不意味着要开设公司、着手自己的生意。其实在现已设立的企业中任职，也可具有企业家精神。因此，创业的精髓于我而言类似于发现机遇。发现别人忽视的机遇，创造未创造的机会——这就是创业精神。每个人都具备这种精神，因此，你们每个人都应该跳出学科项目的框架，有创立自己的公司或在其他企业发挥创业精神的觉悟。

至于学习如何创业，我宁愿谈谈我是怎么学着进行创业的，而不是我们想要怎么教会你们创业或想教给你们关于创业的哪些方方面面，因为这些你们都可以在教材中读到。以下是我想谈的三个方面。

其一就是从纯粹的技术能力转变为之前提及的创造性思维。我们在对从业人员的研究中发现，在较混乱的情况下，软实力而非技术能力才是最具价值的技能。雇主正需要这些人才，他们要能够在纷扰的外部环境下仍然保持专业素养。在座的每一个人都可能面临从未遇到的异常情况，你不会恰好知道怎样应对，那么你不得不自己想对策或制订并不明朗的解决方案。因此，这就要求你用不同的思维方式武装自己，比如创造思维、思辨能力，这也是我们的核心能力。

其二，帮助人们学习创业要求商学院从仅教授书本知识向培养实践能力转变。这显然是在实践中学习。我们有多种方式来实现上述目标。我们目前在商学院正着手改变课程教学设计。学生需要通过互联网、电子设备、CD 或在课堂上能用到的其他方法，查询资料的背景信息，这样学生就能够受益匪浅。课堂学习主要是社交性学习或团队学习。我希望课堂学习像小型会议一样，可以进行实践训练。这就是所谓的从实践中学习。此外，还有许多其他的方式。比如，我们开始尝试举办黑客马拉松。在座的各位，特别是 IT 界的一些人士，也许听说过这个活动。但这并非易事，人们聚在一起，同吃同住三天，来共同解决问题。我们有企业为该活动提供赞助资金，以他们实际面临的问题作为案例，让学生解决这些问题，自己建立真实模型，并给予他们奖金或其他支持。我们着手的另一项工作则是：在我们的创业课堂，尤其是 MBA 课堂，进行商业计划竞赛，每个学生在项目中担任一定职务。我们可以邀请一位企业家来谈谈真正的商业计划竞赛的情形，但我希望学生能切实参与其中，这样学生才能真正了解真实的形势。

其三则是多样性。我在创新与创业上所做的一切努力都与多样性息息相关。多样性涵盖面很广，涉及不同性别、年龄、行业及文化。虽然在许多商学院都有来自不同国家的学生，但并非每家商学院都如此。我们还能够与不同的公司进行更多项目的合作等。不过我们还有许多方面需要努力。

最后我想说，商学院应当有许多资源能够提供给学生。然而，我认为如果你们想要创业，就要想出还不错的点子。当然，在你们动用商学院的资源之前必须获得学院的许可。不过，学生们的创业精神是值得鼓励的，你们可以马上行动起来。

Bruno van Pottelsberghe（苏威布鲁塞尔经济管理学院院长）：
我有一些建议。

首先，不要拘泥于书本。作为老师，我试图做到这一点。

其次，要有民主管理。我是商学院院长，我们商学院院长历来由各位教授、学生及科研人员推荐。各位教授也别具个性，与所教学生互动频频。如果他们不满意，可以将意见传达给学生，我就会被罢免。为何这点很关键呢？因为他们非常尽职尽责，认为自己完全是机构不可或缺的一部分。如要进行创新，你们必须尽职尽责，也要竭尽全力。政府需要给予学生创新、创业的自由。我们的学生不断创造新的商机。比如，他们的总销售额已经超出我在考试、电话费及教职工等方面的预算。你还可以在谷歌中查到一个商业比赛项目，来自全世界的 400 多名学生都参与其中，由学生自行组织，这是可盈利的比赛。另外，他们自己组织建立了俱乐部，获取收益。

我们的学生开展了许多商业项目，也赚了大笔资金。他们的确掌握了如何运营公司、如何让公司获利的诀窍。他们说这都与我无关，这是他们自己的商业项目。因此，跳出书本，民主机制可以让你们自由选择，保证你们不拘泥于书本，尽职尽责，从点滴做起。比如，你们可以尝试三明治，我是指发展餐饮业，看看是否可行。

最后，是大学的关系资源。我们在大学里，意味着我们能获得风险投资去资助学生进行创业或奖励有绝佳商业想法的学生。我们将与学生共同开展项目，他们来自各行各业，有着不同学术背景，并着手建立社会创业项目。我们将与公司合作或设立自己的公司，学生也可以在这些公司进行实习。要设立公司，你需要了解市场抑或技术。现今，许多学生完全对市场或技术一无所知，他们会发现自己无法进行创业。而且需要牢记你所学的知识及技能，然后再投身到工作当中，那时你才能开始创业。

非常感谢各位!

张玉利:

我的确赞同 Chris Styles 的观点,富有创业精神至关重要,甚至要超过开设新公司。其他演讲者也有许多真知灼见,比如,培养创业精神是商学院唯一要关注的事业。非常感谢我们所有的发言人!

形成全球化理念，成就未来商业领袖
——来自商学院的回应

全球化理念对于未来商业领袖十分重要。那么，全球化理念的重要性体现在哪里呢？商学院怎么样帮助学生形成全球化理念？来自全球知名商学院的负责人讨论了这些问题，论坛由南洋理工大学南洋商学院副院长 Tan Kok Hui 主持。

Tan Kok Hui（南洋理工大学南洋商学院副院长）：

欢迎各位院长一起来参与探讨这个话题。首先有请陈雅如女士。

陈雅如（康奈尔大学约翰逊管理学院中国事务学术院长）：

无论何时，我们都有一种将杂乱无章的事物排列得井然有序的普遍倾向。哪一件事更为要紧？哪一件事更具效益？实际上，这种排序比较的思维模式一直伴随着我们成长，以至于我们在看待别人时，也是抱着这样的态度：谁比我好？谁有能力？谁更重要？我们的教育排名机制也不外是这个模式下的产物，比如我们比较关注的商学院排名。我们热衷于对事物安排次序，做出比较，这是人类的天性。

这种思维模式也适用于社会群体。我们常认为自己所属的社群文化是与其他社群截然有别、优越尊贵的。你们觉得世界上最强大的国家是哪个呢？中国，对吧？因为在座的中国人居多嘛。问题就出在这里。当人们聚集在一起并怀抱着同样的信念时，这一信念仿佛就成了绝对真理。我们所有人都会觉得自己所在的团体是优越的，这个团体可以是你就读的院系、你效力的工作小组、你就职的公司甚至是你出生的省份。

这种普遍的态度使得全球化思维模式变得非常重要。具有全球化思维模式的人很少会给别人贴标签；相反，他们会将其他人视作地球村的一分子，和他们有相通之处。他们也不会给人分门别类，就比如说，当具有全球化思维模式的人了解到在座的诸位其中一人是来自汇丰银行时，他们会将这个信息作为判断你整个人情况的起始参考点，而非到此为止，草率做出结论。正因如此，全球化思维模式对我们来说非常重要，它可以掣肘我们的普遍天性——为事物分门别类、安排次序，以及那种以为自己所在的社群具有优越性的心态。接下来我将快速地分享一些结论成果，它们出自我在米其林（中国）进行的研究。

经过调查，我发现那些领导亚太地区工作小组的中国籍经理们都会在中国本土有自己的团队。其中具有全球化思维模式的经理通常较之其他人表现得更为出色，他们不仅在全球性、跨文化团队中能做出很好的工作，在处理国内事务时也更加显眼。我认为，具备不以文化背景划分等次的态度、乐于和他人建立友好关系的心理都是全球化思维模式的实质组成部分。进一步地，研究数据还显示：当这些具备全球化思维模式的经理做得更好时，他们的下属也会因此更尊敬他们，并更愿意做出奉献，从而在团队中表现得更为出色，形成一种良性的互动。可以说，我们的经验研究发现了支持全球化思维模式的证据，所以接下来的问题就在于：我们应如果拓展与深化这个概念？留待诸位思考。

这就是我今天演讲的全部内容，谢谢大家！

Sarah Dixon（西交利物浦大学国际商学院院长）：

非常感谢诸位的到来！我将在接下来的演讲中阐述商学院能用什么样的方式来促进创新和跨文化环境的生发。

首先，我想向大家请教一个问题：有多少人定期阅读《金融时报》？2014年10月20日出版的《金融时报》头版上有一则消息，关于许多公司开始关注婴儿潮，以及15万亿元银发市场（即为老年人提供各项服务与商品的市场）。这个消息与什么事情相关？当然是中国日益严重的老龄化问题。给大家提供一些有关老龄化问题的人口统计数据。我们系的一个研究中心专注于分析对应于老龄人口的银发市场。根据估计，在2014年，国内市场为老龄人口提供的产品与服务总值约为4万亿元，约占GDP的8%；但到2050年，这个数值将攀升到GDP的23%。在2050年，中国老龄人口会占到世界老龄人口的四分之一，成为全世界最大的银发市场，预计约产生106万亿元的市场规模。

尽管我难以想象这个数值是多么庞大，但我确确实实地知道当前的企业家们必须重视这个重大话题。曾有一位访问西交利物浦大学的学者向我们做了一次演讲，研究话题是：西方的大企业都在关注人口结构中的哪一块？结果表明，全部的企业都仍然是在关心年轻人群体，而非银发市场。显而易见，一个巨大的机会已经摆放在所有人面前。

现在，让我们回到创新这个问题上。对于商学院以及它的学生来说，关注并理解未来市场会发生的变化是极其重要的。我们需要顺应并接受不断变化的市场状况。所以，我强烈地建议诸位投身银发市场的研究与发掘中，而非继续将主要精力放在年轻人身上。

此外，我们还需要对当前环境下发生的方方面面事情进行思考。2008年的金融危机对世界经济环境造成了严重的冲击，而当下科技的长足进步也对商学院影响巨大。MOOC（massive open online course，大规模开放式在线课程）的产生对传统的教育模式形成了威胁，尽管它确实是一个伟大的创造。

虽然MOOC很伟大，但它在20年后仍然能流行吗？这是我们需要回答的问题，也是我们应该跟上潮流的原因。跨文化很重要，但它为什么重要？因为这些问题并不仅仅发生在中国。老龄化问题同样如此，它也是一个全球性的话题。经济衰退亦不外如是，它在世界范围内都是严肃的问题。我们必须对这些事有所知觉并为之通力合作，跨越文化的界限。文化的含义并不止于民族与区域文化，不仅仅关注你是否为中国人、是否为汉族人或是否来自某个省。它还可以指代公司文化，不是吗？融入不同类型的组织和不同形式的商业行为中的能力是非常重要的。就大企业来说，我曾经为壳牌集团工作，无论我到哪里，我都是壳牌大家庭的一员，按照壳牌的方式行事。这种我甚为赞赏的方式与谷歌或者阿里巴巴的风格都不相同，而这些显露出来的不同之处正是我们可以教给学生的。组织类型的不同并不单单因为其运营领域有别。

我们还应考虑到污染这个世界性问题，重视可持续发展的未来。因此，我们或许应鼓励自己的学生不仅仅是去做与金融相关的工作，赚取大量的金钱，也可以进入社会企业，去帮助那些亟须发展的区域获得进步。

而这一切的一切，都要求我们具备创新能力。你们需要在学习中创新，在工作中创新；而我们老师也需要在教学上创新，以指引你们学得创新的能力。这些都算得上是挑战。今早已经进行了许多关于商学院和大学内保守主义的讨论。一个事实是，我们如今的系统过分关注发表无人阅读的同行评议理论论文。应对这种窘境，我们将在我们学院尝试推行一种新制度，同时鼓励理论和实践的研究，并且将"为社会服务"作为学院的使命之一。为什么做有应用意义的研究很重要？因为这将有益于为企业提供实际的咨询服务。我们的国际商学院属于创新型中外合作大学——西交利物浦大学——的一部分。建校协议签订于2002年，是首个被准予创办的中外合作大学。学校位于环境优美的苏州城，志于采东西方之长于一身。因此，我们一直在努力构建创新型教育范式，摒除泛泛空谈的形式。我们与学生相处融洽，鼓励真实的商业案例研究。我相信这样的方式会在这所不断寻求进步的学校里一直保持下去。

我也相信，世界各地的大学都在不断地寻求进步，但站在讲台前泛泛而谈的形式也不在少数。所以我们的学生能在西交利物浦这个全英文授课的国际化学校得到成长是非常可贵的。他们可以同时获得两张文凭：英国利物浦大学的原始学位证明与西交利物浦大学的中文学位证书。在这个世界上，全球一体化是一个非常重要的话题。在西交利物浦，我们有一个专门的研究机构，与国内其他大学合作，用西交利物浦的方式提供教育和支持性服务。它强调交互式学习和以学生为中心的教学法，并努力将这种方式推广到国内其他学校。最近，我们访问了一所公立大学，里面有许多有趣的中国案例研究，但我曾告诉我的 MBA 学生们，有些很出彩的公司被忽略了。当你要为公司考虑与比较不同的运行策略和不同的发展角度时，拥有广泛的案例和项目积累便尤为重要。

我们的教师组成和你们的教师组成其实是相似的，你们也有着国际化的教师团队，但我认为我们的教师团队可能是中国境内背景构成最广泛的。我们的教师来自28个国家，中国教师和外国教师的比例近乎是平衡的1∶1，所有的本土教师都有过海外学习或工作的经历。因此，我想说，商学院同企业一样，都面临着潜在的乱流与动荡，所以我们不仅需要考虑当下的教育模式是否可行，而且需要思索它在未来是否也能有效。我们学院的座右铭是"学贯中西，兼善天下"。我认为我们应该努力去践行这句话。我们必须在这个急速变化的世界中保持高度的创新能力，学习如何让事物在未来变得更美好。

谢谢大家！

王庆石（东北财经大学国际商学院院长）：

我想和大家分享一些我从实践中得来的思考，关于怎样才能让学生具备创新和跨文化交流的能力。无论是商学院里的学士、硕士还是博士，我们老师的目标都是把他们培养成未来的商业领袖。而如今的商业领袖必须具备非常强大的创新和跨文化交流能力。在我们的商学院，90%的学生是学士。所以我想谈的话题就是怎样让本科学生更具创新意识、专业水平和跨文化沟通能力。

从过去十二年的教学经历中，我发现本科生比研究生更好教导。

在座的研究生们大多是来自排名前列的学府，而我们学校的大多数学生是来自本地农村的孩子。当进入大学后，他们必须学会独立，从过去十多年依赖于父母生活的场景中挣脱出来，自主地思考、学习与工作。他们要与外界产生更多的互动，与陌生的同学共同住宿、生活、完成作业。而这些都只是一个开始。可能刚刚从高中毕业的孩子是比较自私的，他们并不愿意去承担责任、与人相处或进行合作，甚至说，他们并不懂如何与人合作。因此，我们组织了非常多的体育与文化活动，在学生会里设立了 20 余个部门，每个部门有 2 位副部长。这将给予学生们机会，让他们能进行小组合作，共同完成任务。在小组里，学生们必须学会如何去组织同伴完成任务，并实现目标。通过这些办法，他们将逐渐学会如何组织与领导他人。如今，过半的学院工作是由这些学生来完成的。

此外，为了扩展学生的知识面，我们邀请了许多外国教师到我们学院工作，大约占三分之一。他们给学院带来了许多国际化的知识、创意、文化与正确行事的示范方式。目前，每学期大约有 7—10 名外籍教师进行教学。他们的加入带来了许多实际的成效，让学生们了解到什么是真正的问题，引领着学生们讨论这些问题并提出解决方案。

我们每年还安排了许多实习项目并用学分来要求学生们完成实习。我们的硕士研究生通过实习，提升了跨文化交流能力和工作能力，获得了大量的实践经验。实习能给予学生们众多的实战机会和案例分析经验。另外，我们还为国际学生提供了一学期或一学年来东财交换的项目。同时，我们约有 20% 的学生修双学位，被派遣到合作学校交换学习。交换能让学生体会到文化间的区别，这将对他们的未来非常有帮助。

最后是国际化能力。这是一个非常重要的能力。中国在世界经济体系中占据了一个极重要的位置,所以尽管你可能只在一个国有企业上班,你也需要拥有国际化的视野和国际化的沟通交流能力。通过派遣学生出国交换和让外国学生来华交换,通过招募外籍教师和让学员走向世界,我们让自己的学生具备了在跨国公司工作和解决问题的能力。

最后,我想说,我们必须具备将理论转化为实践的能力与勤奋工作的态度。谢谢大家!

涂登才(台北大学国际企业研究所助理教授):

今天我想谈论的是,如何融合东西方的智慧来帮助未来的商业领袖构建新的全球化思维模式。

其中一种思维模式,就是所谓的"王道"。什么是王道?这是中华文明2500年前总结出来的精粹。"王"意指国王、国君;"道"意指统治国家的法则。如今,为数众多的企业都拥有着庞大的能量,好似一个旧时的王国。所以,我们可以将王道应用于公司治理之中。我认为,王道蕴含了四个概念:一是创新,二是创造,三是利益平衡,四是可持续发展。地区差异导致了文化有别,而不同的文化蕴含了不同的哲学理念。我们可以在商业领域比较一下不同的商业哲学。东方商业哲学和西方商业哲学有何异同?东方思维模式和西方思维模式差别何在?我认为,东方的思维模式偏好一致性,强调和谐,对于整个社会生态系统存有敬畏之心;而西方的思维模式更强调赢者通吃这一概念。

亚当·斯密曾说,如果每一个人都追求自己个人的利益最大化,那么市场里存在的那只无形之手便能引导整个社会总体利益实现最大化。但是,这样做也会让生态环境受到破坏,甚至导致人类文明的退步。从这个意义上看,亚当·斯密的说法会使得社会总体利益受到损害。而中国哲学则是引导大家尝试去达成可持续操作的目标,让他们在得到之前先学会怎样去做出贡献。这是西方商业哲学和东方商业哲学的差别之一。另一个差别是，当论及全球化思维模式时，西方哲学是由外而内地进行思考。尽管西方的公司会去承担社会责任（环境的或人文的），但推动它们的力量来自于外界。实际上它们仅仅是想实现公司利益的最大化与可持续发展。而东方哲学恰恰相反，它的思维方式是由内而外的。遵循着王道的思想，企业在一开始就意识到它们是在为整个生态系统而服务，接着才去创造价值。此外，这些企业还会尝试去平衡公司股东、经理人和消费者等各方团体的利益诉求，使每个人都处于和谐的状态，从而实现社会利益的最大化。其实，如果比较一下东西方哲学的起源，我们会发现它们都和中华文化有所关联。中华文化同样汲取了西方的智慧。

如何践行王道？其一，企业家们应该遵循王道——这种能维护共同利益的集中化管理思想。其二，在团队里应该做到"和而不同"并且拒绝子承父业的旧有理念，做到权力为能者居之。这样的企业才知道如何创造价值和进行创新。如果我们能彻底体认王道，那我们便可以通过创新来不断更迭制造新的价值，最终实现企业的可持续发展。

Jan Ketil Arnulf（复旦大学-BI 挪威商学院 MBA 项目副主任）：
当许多年前我们来中国教书的时候，学生们只想着获取实在的知识。我们是斯堪的纳维亚人，不是美国人，所以我们的教学方法和美国那边的大有不同。我们的课堂是生动健谈的，常常会有师生间的相互交流。中国的学生十分尊重老师。在 MBA 项目推进的过程中，我发现我们的学生经常不能明白我们在教些什么，而教授是十分敏感的群体，他们不喜欢那种学生无法理解自己所讲内容的糟糕感觉。所以，我们需要找到能融合中国学生需求的教学方法。这种转变既是可能的，也是有趣的。

接下来我会给大家分享一点我在适应转变期间所得到的体悟。我很享受在斯堪的纳维亚教书的时光，但这里是中国。所以我们所做的就是开放心态。当你获得成功时，你便可能会看到一些整个世界都未曾见识过的风景。我自己所尝试的是就思维模式进行探索。对中国人来说，参与课堂讨论有些强人所难的感觉，他们需要得到相应的训练。这里我想向大家展示一个我是如何处理这个问题的例子。

我曾写过一本书，讲述我在中国教书所得的收获。在上课前，我会告知我的学生："我猜你们来这里上课不是出于外交需要、应付差事，而是你们想真正从我这学点东西。那么你们要如何做才能提升自己的领导力？我这有个建议，你得向一切好的方向去改变自己。当你打开我的书，读到我写自己在中国教学经历的部分时，若发觉不对，你大可以直接指出我的不足。你可以去寻找书中的有益之处和错谬失误，若真对我有所启发，我便会直接给你一个"A"的评价。你还可以尽情地批判我，但我也会看看你是否确实抓住了我书中的要点，说到了点子上。"在我们的 MBA 项目中，有许多教授都鼓励自己的学生去自主学习与探索。我们发现教授们会常常从学生那里收获良多。这种良好的互动模式要求学生们能沉浸在这种学习氛围中。那些接纳了这种教学方式的学生告诉我们，他们很高兴能处在这样一个全球化思维模式的教学环境中。

另一个我所遇到的困难是：无论是处于何种文化背景，人们都很难成为一个"世界的文明人"。我们从自己的学生身上发现，真正的问题不在于他们来自何种文明，而在于不能吸纳不同文明的精粹。我们有些同学来自伊斯兰世界，尽管听过"王道"这个词，却对其意义一无所知。因此，我认为我们理应吸纳古代中国文明哲学，将其融入教学。在此过程中，学生们会得到更多互相学习的机会，最终达到采不同文明优秀之处于一身。

Jilnaught Wong（奥克兰大学商学院副院长）：

大家下午好，很高兴自己能到这里参加今日的盛会！我爷爷是中山人，那地方离深圳不远，但我此前还从未来过深圳。如今我家几代人都住在新西兰。在我看来，全球化已经基本完成了，我们正努力将学生们培养成世界领袖。和20世纪末相比，现今的世界真的发生了天翻地覆的变化。一个显而易见的现象是中国、印度和巴西的崛起。中国已经成了一支影响世界的主要力量。所以，我认为今天的教育也应有所不同。当西式邂逅中式时，应如何应对？我想我们既不应该让西式商学院架构成为主导，也不应该过度地强调中式学院的好处，导致过犹不及。我自己非常想向全球化下中西合并的商学院形式表达谢意，因为我本人就得益于此。这是一件非常积极的事情。

另一点我想说的是，无论是西式商学院还是中式商学院，它们都能激发我们的灵感。当我们能重视这两种教育形式时，它们之间的距离便也越来越近。汇丰商学院令人感到印象深刻的一点就是它45%的教师是来自国外。从研究的角度说，西方和东方都在从自身的历史资源中总结经验教训，这点在案例分析中尤为重要。在取法于己之时，我们也要效法于外。在新西兰，我们开设有一个全球领导力的项目，并与美国的一些暑期学校一同合作。事实证明，这个项目的效果非常好。

从教育供给的角度看，我认为商学院应该重视实践应用，理论知识亦同等重要。教育应该在三个方面为人提供指引：知识、行动与价值观。因此，我们首先会教导学生们专业知识：什么是策略，什么是消费者行为。这些话题在不同地区呈现出不同的样貌。其次，由于理解真实世界究竟是如何运转的这点对于我们来说十分必要，所以行动便须得到重视。另外，当人们的文化背景不同时，互相间就会很难理解彼此的行为。最后是对于自我和价值观的深刻体悟，这会让你明白你的同事究竟是如何行事的。对于一个商业领袖来说，专业知识很重要，知道如何行动也很重要，与此同时，能体会到自己是一个怎样的人、明白自己的目标与价值导向，以此来构建一个具体清晰的思维模式也是不可或缺的。

谢谢大家！

朱宁（上海交通大学上海高级金融学院副院长）：

可能因为自己是这里唯一一个从北京大学毕业的演讲者，所以我非常高兴能有机会发言。我想谈谈什么样的知识可以帮助你增进在金融市场工作的能力。

我认为汇丰商学院正试着将全球化思维和本地化知识相融合。而这种国际化训练的要点之一即是：你想在拥有全球化思维模式的同时，也能很好地知道你在具体市场中的比较优势。这也是上海高级金融学院被建立起来的原因——上海政府志在将上海建设成为一个全球性的金融中心。在上海高级金融学院，我们强调得最多的就是研究。当提到商学院这个话题时，我们认为许多学府只是知识的复印机，而上海高级金融学院是在创造知识。研究对于我们来说的确非常紧要。

我在耶鲁大学做的博士论文是关于中国财富分配的。99%的中国财富被用于国内投资，如果我们把中国外汇储备的四分之一提取出来用以投资国际市场，那将会创造每年4%的GDP增值。而当我们要进行国际投资时，就必须有一个全球化的思维模式。在研究中，我们发现30%的深圳市民从不在上海证券交易所交易股票，而22%的上海市民也从不在深圳证券交易所进行股票交易。在这种选择中，社会福利会发生怎样的变动？想要获取这类重要的知识，我们必须站在更高的角度去分析，而不仅将目光局限于我们所身处的日常生活。

在美国十余年的经历，让我深刻地体会到国内与国外的差异。要使中国能成功参与国际市场竞争，我们还有许多路要走。我认为中国已经进入了一个非常特殊的历史时期。放眼世界，我们可以发现80%的增长是不可持续的。过去三十年的快速发展虽然给中国提供了很多宝贵经验，却也让许多企业家变得过分自信了。这个问题正是我研究的领域之一。过去三十年的成功经历并不意味着我们能一直成功下去。想想过去的荷兰、英国、美国或者日本，这些国家都曾经有过经济急剧发展的时期，但在最后都不得不转型成更为可持续的发展模式。就今天而言，全球化是一个保障可持续发展非常关键的要素，其对金融市场和商业发展的重要性再怎么强调也不为过。所以，我们应该在未来的发展道路中保持一个开放与谦逊的心态，并帮助更多的中国企业参与到国际化商业进程中。

Moshe Porat（天普大学福克斯商学院院长）：

从之前的演讲中，我感觉到在这段日子里，似乎一切事物都处于一种变动不安的状态。但事实却可能是我们每一代人都在用自己的方式来理解这个世界。就我个人而言，我认为现今我们所面临的最大挑战是教育问题与数字化时代的来临，以及去理解这两个问题是怎样影响和塑造我们目前的日常生活的。如何去教，如何去学，如何与人交流，如何对待学生，这些话题在我看来都是非常重要的。我是一个大型商学院的院长，管理着半径50英里的土地、220名教师与7500名学生，因此，我知道竞争的含义是什么。此外，从巴黎到东京，我们的分校区和合作学校分散在世界各地，全球化对于我们来说是近在咫尺、深有体会的。

数字化时代的到来让贫富之间的差距愈发增大，富人更富，穷人更穷。举个例子，在美国，教育、健康保障和基础支出（如住房）的成本已经几乎占据了我们收入的50%。具体而言，这部分钱是如何花费到教育上的？在我看来，美国是一个非常重视教育创新的国家，至少在MBA这个阶段是如此。作为商学院院长，我们应时刻关注这一内容，每隔2—3年就改良一次教学方法。在相互竞争的压力下，美国的MBA教育是非常有创新性的。我们正在远离传统教学，运用现代科技，注重结合实际，行走在世界各地以尝试不同的项目。我们正在向所谓的能力驱动型课程转变。为了实现这种转变，去年我们曾对900家企业雇主进行了调查，询问他们究竟需要具备怎样能力的毕业生，从而整理出了250个清晰具体的答案。这个调查令我们深入体会到了企业的实际需求。企业要求我们能教给学生实际的技能，如商业洞察力（包括金融技能水平）、商业逻辑推理能力、机会把握能力和团队领导能力。另外，企业要求我们能给学生提供组织管理的经验，教会他们如何开展创新、进行符合商业道德的决策，并具备跨文化工作的能力。最终，这些要点都被我们转化到了教学中。

我们所改变的东西，就是这些日子学生们离开校园后所带走的东西。在过去，学生们是为了获取知识信息而来读书，但在这个时代，信息已经是遍地可寻的事物了。如今，我们是在教导学生如何变得出色、怎样去打造个人品牌。我们设计个人成长路线图，观察着每一个学生的动态：他们拥有的野心多大？他们发生的变化几何？我们称之为"特别挑战"的方案得到了企业雇主的鼎力支持。在这个挑战中，学生们要离开课堂，到企业去经历一个实际的案例咨询过程，而企业也将为此支付我们费用。我们还设计了一些持续性的有股东参与的实战练习。以上这些挑战与训练都是扁平化的，我们有专门的团队为学生服务，让他们能在解决实际问题的过程中在线或在课堂上得到帮助。

这种巨大的教学方式的转变不仅提升了教学水平，也改变了我们训练老师的方式。

今天的商学院不仅要当好摄影师、结构设计师，也要发展与培训好旗下的老师。的确，现在的状况已经和我学生时代，甚至和五年前相比都大不相同了。我们的学生是否已经具备了全球化视野？这其实是毋庸置疑的。正因我们的老师受到了广泛的训练，他们早已在内心自动潜藏了全球化的思维模式。青出于蓝而胜于蓝，所以我们从不曾担心刚才的问题。

谢谢大家！

改变而非冲击
——数字时代的商学教育

论坛由纽约大学斯特恩商学院副院长 Eitan Zemel 教授主持。参与讨论的各位嘉宾对技术对于教育发展的作用、线上教育与面对面沟通的重要性等话题发表了自己的看法。

Eitan Zemel（纽约大学斯特恩商学院副院长）：

今天我们要探讨几个问题。第一个问题是新兴科技及 MOOC 会否打乱传统商学院模式？对于这一问题我们今早已经做了充分的讨论，与会者一致认为这种趋势的确会影响传统模式。因此，我们也许可以略过该问题，进行更为详尽的讨论。我希望能探讨这些影响的具体表现、学校应该如何应对等问题。为此，我们将请每一位发言人做简短演讲，进而开始广泛讨论。首先，我们有请 Rabikar Chatterjee 先生发言。

Rabikar Chatterjee（匹兹堡大学卡茨商学院副院长）：

谢谢！依照 Eitan 的建议，我将主要针对两个方面进行讨论。其一，我们如何看待科技对商学院运作的影响，以及科技的哪一方面真正影响了我们致力的方向，即科技的影响在何处？其二，展望未来。从科技发展趋势来看，我们认为下一个了不起的突破是什么？我们运用科技开展项目将会带来怎样的改变？我将谈一下我们的 MBA 项目，以及适用于其他项目的相同原则。

作为商学院，我们侧重于经验式学习。今早我们就此进行了讨论，探讨如何将经验式学习拓展为亲身实践式学习，以丰富个人的商学院学习经历。既然已将此作为核心点，我们商学院一直关注远程教育所涉及的技术问题。我们切实感受到教师与学生间面对面互动，抑或学生间互动，都有着不可替代性，因此我们不希望在这方面有所妥协。就网上教学而言，我们认为混合模式才是最适合我们的教学方式，要依靠科技强化我们的课堂教学。因此，那些单向互动形式，比如侧重具体内容的课堂讲义，能够更有效地在网络上呈现。诚然，我们肯定不会完全采用网络模式，因为这种模式偏离了商学院教育应有的特色。我们通常采用翻转课堂模式，这一模式让学生能够在家通过一些其他方式有效地学习知识，从而不浪费课堂学习时间。学生能依照自己的学习安排，把握自己的学习进度。因此，我认为翻转课堂模式是我们应该尝试的合理模式。科技给我们带来了积极的影响，使得计算机模拟更为高端、更为丰富。这便是我们经验式学习的关键模式。因此，在 MBA 项目中，这一学习模式与咨询项目相结合，学生能够切实为公司开展咨询项目。可见，科技的确给我们带来了深刻的改变，让我们能够为学生完善用户界面。

最后，就技术发展趋势而言，在内容传播模式上，我相信依靠更为先进的技术，推广课堂教学及网络模式将变得轻而易举，益处颇丰。讲师可以在传统课堂授课，而学生则能够进行实时互动。这一模式就是我所认为的创举，也是我们所要努力的方向。

Kiran Fernandes（杜伦大学商学院管理系系主任）：

全球大约有 5400 所商学院，其中有一半是优秀的商学院。所有商学院中的运营管理课程是否截然不同呢？当然不是。如果你们用谷歌快速检索，将搜到 2—3 本核心教科书。这些教科书很著名，我想如果你们学习运营管理也是在用这些书。那么，在这样的情况下，科技能为你们带来什么？我认为科技能带来巨大改变。科技不仅能吸引学生，也可以吸引大批学前教育群体，这是前所未闻的。

我给大家举个例子。比如我们开设 MOOC，与行业合作方共同开设创新管理课程。为什么我们要做这方面的努力？因为要指明科技的益处，必须提出两个关键问题：所有大学的课程是否都如出一辙？学生及商界是否正在寻求突破？我认为科技能给予解答。你可以上网获取任何一类 MOOC，学习任何顶尖的学术机构及高等学府提供的免费课程。那么你也许会问：为什么我需要去教室上课？为什么要交学费就读北京大学去学一样的课程？这有什么新的突破吗？我认为大学应当认真思考如何推陈出新，不落窠臼。我们大学必须用科技武装自己，独树一帜。

我们能够同时推出线上及线下课程和服务，但怎样将两者结合起来？我认为教研应该与实践相结合。事实上，这种兼容并包模式涉及许多因素。我们可以与合作方共同努力，促进理论与实践相结合、线上与线下齐发展。这就是我所认同的教育界未来。

你们所需要了解的一些知识源于教科书，这是必须要获取的知识。但是你们大多数人并不拘泥于教科书，而是读书万卷，竭力了解正确的理念和思想。我们的理念是科技对于求知学生乃至整个大学都颇具突破性。因此，我们必须重视以下问题：仅提供传统课堂教学或网络教学是否能满足学生需求？当然不能。因此，我们必须发散思维，进行突破。

Sebastian Heese（欧洲商学院副院长）：

的确，我比较赞同 Kiran Fernandes 的观点。问题是这会扰乱传统教学吗？细想一下，并非如此。事实上，科技将促进教学。但我认为这包含两个层面。首先扰乱是否指优胜劣汰。我想在座各位今早可能也听了这一观点，如果我们可以通过网络学习顶尖学府的各类课程，还需要设立大学吗？我认为仍然有必要，特别是对于商学院而言。我不太熟悉其他类型大学的具体办学模式，但是在商学院，我们言商从商，今早讨论的议题正是与商学院消费者息息相关。我们的消费群体是学生，他们交学费学习，而许多机构和商学院提供教育机会。或者说，消费者是公司企业，我们招收优秀学生，培养优秀学生，让其成为企业的栋梁。许多人认为两者间存在矛盾，因为学生需要工作，其动力显而易见。但这一定程度上取决于如何定义这样的作用。

你们是否认为 MOOC 很大程度上影响了各类大学，甚至威胁到大学的存在价值，或是仅影响了大学的运作模式？我想各位对此已了然于胸。我们采用广为推行的混合教学模式，开设 MOOC 课程及社会革新相关内容。过去的十年间，我校有一位教授将自己的课堂录像都传到 YouTube 上，有好几百万点击率。因此，我们至少在朝着该方向努力，但是我们需要独树一帜，所以并未对此给予特别侧重。为此，我们创造价值，遴选学生，让他们共聚一堂，互爱互助。

学院对于持续的教育道德责任领域尤为重视。我们学院有两位该领域的哲学家，院长就是其中之一。我记得自己的学习并非局限于课堂，我上的是公立大学，教授没有时间与学生进行互动交流，这与大多数商学院是截然不同的。但我记得，曾与要好的同学喝喝咖啡，彻夜长谈，探讨各类问题及考试技巧。我认为要花些时间思考要记下的事情，建立起能让自己终身受益的 5000 人关系网。嗯，这就是一部分价值。我认为各个团体不应相分离，要融合交流，传授重要知识。问题是我们为什么必须这样做呢？要知道，所有的讨论、人际关系及企业关系都是创造价值的关键。这是商学院所能创造的价值，这是通过 MOOC 或其他线上形式无法轻易实现的价值。我们开设 MOOC，并提供网络课程，我想许多学院也已经或者很快能兼顾二者。

那么，我们如何来使用它呢？现在就运用起来，并且要考虑今后如何用其进行市场推广。我们拥有数千名学生，但我们是否已准备就绪？许多学生给我们造成了影响，比如中国学生。如果很欣赏某位教授的课，我们便会主动联系他，向其求教。市场推广是保证终身求知的方法之一。当你们有了人脉，就打好了基础，能更轻松地开展活动，进行网络交流与发展。我认为这就是我们运用 MOOC 的方式，开设网络课程的目的。

毛基业（中国人民大学商学院院长）：

我认为 MOOC 在大多数情况下不会干扰到传统教育。中国人民大学呼吁教师开设 MOOC 课程，但很少有老师响应。我们学院有 140 名教师，仅有 2 人自愿在 MOOC 上开课。目前 MOOC 影响力欠缺主要有两方面的原因。

其一，正如之前演讲者提及的教育的广泛性，尤其在顶尖学府，是怎样的呢？高等学府都致力于培养领导者，而非拘泥于知识的传授；强调加强两类能力的培养，即批判性思维及沟通能力。这些能力培养往往通过各种交流互动得以实现，比如通过案例讨论等。在讨论中，教授能够影响学生的思维方式，授之以渔。可见，这类能力通过交流互动及讨论能逐渐培养。

其二，MOOC 也需要因地制宜。尤其在中国，人们往往会认为网络教育模式质量较差，这样的传统观念很难打破。那么，MOOC 何时在何处能够产生影响？何时何地会带来干扰效应？我赞同前一位发言者的观点。未来更可能出现所谓的混合式学习，这特别适用于返校学习的全职高管。在线学习可以有效地延伸课堂教学和拓展讨论。因此，我认为接下来会迎来混合式教育模式。举一个科技运用的实例。人民大学商学院与全球许多大学的商学院建立了高级管理合作伙伴关系，其中包括耶鲁大学商学院、新加坡国立大学商学院等 25 个成员。我们建立了关系网，以网络教育 SNOOC（small network of online courses）为理念。SNOOC 意为局域网在线课程。不同于面向公众的 MOOC，SNOOC 仅面向该局域网内的学生。每学期成员学校都会集中为学生提供一些在线课程，这只是传统课堂教育的延伸。网内学生可以登录网络，获取国际经历及多元视角。我认为这是科技运用的意义所在。

Maxim Ponomarev（俄罗斯普列汉诺夫经济大学管理学院院长）：
俄罗斯普列汉诺夫经济大学创建于 1907 年，如今已经成为俄罗斯最大的经济类公立高等学府，拥有大约 64000 名学生，在俄罗斯有 27 所分校。我们学校与全球约 80 所顶尖大学进行合作，包括美国、中国、新加坡、日本和欧洲等国家和地区的学校。

21世纪，商学教育所面临的挑战要求我们发展教育科技。科技对教育产生深远的影响，我们学校就是一个例子。许多学院建立在良好的教育基础之上，在教育过程中尊重科技。利用科技，学生能够参加网络课程，并利用各个分校的资源。我们也在对财务经理、银行家和企业家的培训项目中充分利用科技。我们的目标在于把学校建设成所有人的社会教育大学。

Michael Roos（波鸿鲁尔大学经济管理学院研究院长）：

新兴技术会否影响传统的商学院教育？我认为科技会改变学校模式，但不一定干扰教育。事实上，商学院别无选择，唯有适应这种趋势。科技兴起，应为人所用。唯一的问题是我们要如何运用科技，要依靠科技达到怎样的目标？我们会有许多机遇，依靠科技也能实现很多愿景。如何高效利用这一技术并非易事。为了回答这一问题，我要思考下我们是如何学习的。理论上这显而易见，我们会集思广益，从他人身上学习；我们也可博览群书，研读资料。最后，我们从实践中学习，解决实际问题。以上所有的学习方式都至关重要。其中一些方式可以与科技结合起来，更好地发挥作用。我认为这很重要。我们都需要明白自己在做什么及为何要着手此事。比如，如果我们仅靠倾听，学不到太多，因为被动听取的知识容易遗忘，因此，传统教育会受到批判，MOOC也同样如此——这种模式只是让观者被动听取课程。但这也不是毫无意义。我认为如果上一名热情洋溢的老师或演讲者的课，你们也会觉得受益匪浅。但是如果你们学了更多知识，或已经体验过该老师的激情，那么你们将无法获得太多的收获。因此，学习的动力至关重要，这是你们前行的基础。不过，最终你们还是必须读书或研读资料，从而通过阅读获取深层次的知识。阅读是必需的，你们必须花费时间广泛阅读，可以通过用电脑在线阅读，亦可阅读纸质书籍。对此，新兴科技可以发挥优势。

今早有人告诉我，在网络时代人们青睐 3 分钟快速阅读。然而，如果你们想读一读复杂的内容，需要花费更多的时间，花 3 分钟还远远不够。你们在工作中仍然离不开书本，你们必须坐下来，慢慢阅读。如果你们认为通过网络或其他形式进行阅读更为有趣的话，这也无可厚非。最终，你们仍然需要将理论运用于实践，解决实际问题。我认为这要通过课堂互动交流来实现，有些学校也会在虚拟课堂中展开交流互动。面对面的交流至关重要，你们必须与其他人交流。如果只在虚拟课堂进行学习，即便能通过屏幕看到对方，仍然会使各位学习上存在遗漏和疏忽。这不能相提并论，对吗？最终，你们必须与人交谈，进行实践。那么，关键就是我们不应该放任自流，不能盲目跟风，不能偏听偏信，而且我们必须反思为何我们只从一种渠道来获取知识。因此，也许 MOOC 可以提供标准化材料，但是我们必须丰富课程体验，让面对面交流更有价值。

Eitan Zemel：

我认为商学院必然会转变，但这并不意味着会受到干扰。我们需要好好利用科技，采用混合式学习模式，在课堂上创造价值。科技能够帮助我们增加价值，不过这些价值并非由电脑技术人员创造。其实，科技给我们提供了机遇，让我们得以改变。

我想举几个例子，谈谈如何与众不同。首先就是混合课堂模式。纽约大学不许学生上课带课程资料，只需带一些网络资料。实际上，这所大学的课堂遍及纽约，学生们能获取很多观点。这样我们通过课堂，就切实走进了纽约。这便是科技的力量，这符合混合课堂模式。其次，纽约大学的课程遍及各大洲，我们设有15个办学点，其中包括上海纽约大学。学生可在上海、纽约、伦敦等地学习，我们也在各地聘有教授，给全世界的人传授知识。学生们可以通过科技互联互通。这个例子也证明科技并非具有干扰性，反而让我们受益匪浅。最后则是关于现实生活，我们要强调关注当下，讨论时下问题，摸索应对方法。我们应当摆正位置，让科技给予我们启示。

塑造明日领袖
——将道德规范引回商业发展

　　道德规范在商业中有什么样的作用？如何把道德规范融入商业之中？论坛由 NHH 挪威经济学院院长 Frøystein Gjesdal 教授主持，由来自全球多家商学院的院长、教授参与讨论。

Frøystein Gjesdal（NHH 挪威经济学院院长）：

这次会议的内容非常重要——塑造未来领袖。欢迎各位嘉宾，期待他们的精彩演讲！

Jan Ketil Arnulf（复旦大学-BI 挪威商学院 MBA 项目副主任）：

大家好！非常高兴能出席此次会议。我今天演讲的题目为"我们是否应让道德回归商业"。那么，2008 年的金融危机是否要让商学院担责。我认为商学院并非没有这样的影响力。同时，在中国我们也在讨论是否要将道德教育纳入 MBA 项目中，或至少纳入 CSR（企业社会责任）模块。复旦大学是率先将 CSR 纳入教学项目的院校之一。这一模块真的能让人们变得更为道德吗？在中国，我始终对此持怀疑态度。商人往往以冷酷无情、唯利是图、自私自利著称。

我一直研究金融犯罪，因此多次发表有关白领犯罪的文章。毫无疑问，金钱令人贪婪。我们发现在中国良心商家就是好商家，中国在接近新的国际规则。前几年，中国暴露了许多食品安全丑闻，比如食物中毒事件、三聚氰胺毒奶粉事件等。多年以后，我看到许多 MBA 项目都强调销售安全、美味、盈利的牛奶。我认为中国这类 MBA 项目应推广到世界，如果能让你的顾客、市场及社区都相信产品的质量与企业价值，这便是良机。因此，我认为以现今的标准来衡量，如果商学院不将"道德教育"视为良机，则毫无眼光。

Shekhar Chaudhuri（希夫纳达大学管理与创业学院院长）：

我认为商业领袖注重道德至关重要，这是获取信任的必要前提，没有信任则无法经商。我不打算详细论证道德的关键性，但是总体来说有些人会为达目的，不择手段。我将分享在印度加尔各答的一些经历。我们认为有必要将道德教育纳入课程体系，但我们也需要涉及能力培养和其他实用课程。人类价值管理中心于 1995 年成立，完全由公司资助建立，这在印度可能史无前例。该中心致力于制定道德相关课程，进行相关研究。本来我们设有商业道德必修课，现在也转为选修课了。在 2008 年，人们普遍认为商学院对金融危机的爆发负有一定责任，去华尔街工作的 MBA 学生需要对此负责。因此，我们很早以前就设立了这个中心。当然，目前也没有研究或分析论证：如果人们之前接受过道德教育，金融危机的规模是否不会如此巨大。

在 2008 年，我们对课程设置进行了大幅调整，认为商业道德应被纳入 MBA 学位的课程中，因此将选修课又改成必修课。此前我们多次讨论了改动的必要性，因为普遍认为道德观是在童年和性格形成期形成的。不过，商学院仅开设这一门课程可能无法保证学生都遵守道德规范，但我们的信念是提高学生的道德意识。如果犯罪被捕，一切都为时已晚，你将在监狱中度过余生。

我之前任职的学府没有道德课程，但是如果你研究下我们的战略管理课，会发现该课程涉及道德范畴。例如，你要推出一个新产品（如汽车），由于你率先推出该产品，就有先发优势，因此可能接受产品免检，但长此以往这样反而会造成交通事故。我们讨论过这样的实例，但是从未特意开设商业道德课程。但是我们在 1986 年开设了"领导力、远见、意义与现实"课程，所有课程资料都来自职业经理人。起初我们认为大家对在不同形势与领导风格下的个人价值并不感兴趣，开设了仅有 30 个学生的小班课程，不过两年内该课程发展为两个阶段，如今每个阶段都有 80 个学生参与，最多有 200 人参与进来，每个学生都收益颇多。因为我们认为商业道德极其重要，应该纳入 MBA 课程体系，所以我们已经开设了商业道德必修课，该课程安排在第二学期。

Moshe Porat（天普大学福克斯商学院院长）：

我认为严重的道德沦丧发生在美国一些公司内部，比如安然公司，这些公司往往认为道德毫无用处。我相信每种宗教都涉及道德问题，但事实上在过去十五年里我们的观念发生了巨大转变，目前在本科和研究生项目中已设有五个不同的道德模块。

在金融和会计专业的学习中，教师必须在课上提出道德问题，并且给出处理这些道德问题的实际案例。我们已开设"道德中的商业与社会"必修课，培养学生在道德层面上的批判性思维以及解决问题的能力。这是第一个模块。第二个专业模块主要侧重个人道德问题，比如工作面试中的道德。如果你不打算接受这份工作，但仍然去面试，这是不好的行为。你必须有意愿接受这份工作，即便最初看来这份工作并不如意。第三个模块是个人信誉。第四个模块为主要针对本科生的学术建议。道德问题始终是反复强调的问题，每一个学生在开学伊始都要求签署行为准则，这类准则相当于合同，学生签署后必须注重道德修养，不得抄袭等。然而，这并不意味着该方法就有任何保障，但这的确能鞭策学生。今天你们的一个记者问了我一些很好的道德问题。比如：怎么知道方案是否可行？其实我们可以进行双盲研究：研究分为两组，一组遵循道德行事，另一组则不遵循道德，然后观察哪一组长期以来表现得更好。不过我们还没有着手这一研究，我希望各年级的本科生和研究生不会成为这些行为的研究对象。第五个模块是关于利润最大化及道德资本主义的模块。我们经常强调"行善能成就佳绩"。这一理念是基于道德资本主义，即成功依靠行善。

这就是我想分享的内容。

涂登才（台北大学国际企业研究所助理教授）：

我主要从事金融领域的研究。上次金融危机显示出某些个体的贪婪，这些人将自身利益凌驾于道德之上，这反过来又让我们意识到道德何等重要。问题是如何把道德再次融入商业中。

如今，商业道德或金融道德对于公司CEO而言没有强大激励作用，无法防止他们进行金融犯罪。那么，让我来谈谈台湾地区爆发的一则丑闻。一家食用油公司的总裁将公司经营得风生水起。然而，他明知公司将动物油销售给公众，仍然听之任之。公诉人称无论公司前总裁的社会知名度有多高，他都将面临长达15年的监禁。那么，为什么他们仍甘冒风险，明知故犯呢？众所周知商业道德比专业能力更为重要，但这一丑闻告诫我们：仅仅熟知商业道德并不能避免这类犯罪。这是什么原因呢？我认为可能是很多根本的道德观念需要重新在商业中体现。我们要发扬中国商道，学习四书来解决这一问题。如果你践行孔子之道，如果CEO或公司经理知道如何达成人们的期许，就不会有害人之心。因此，这样基本的道德教育应纳入更早期的教育阶段，如中学低年级。最后，我们需要在大学阶段通过成功CEO的经历与实例，传授本科生和研究生根本的道德框架。这样的经历需要以他们更为根本的道德感为基础，传承中华文化之精华，才能实现企业的社会价值。

另一个问题是组织机构的发展历程。我认为不但需要给学生和CEO传授道德方面的内容，还需要教他们具有创业精神，强调企业不仅是追求利益最大化，也需要承担社会责任。从而使他们不会去仅仅追求利益最大化，而是要追求整个社会的财富最大化。我们可以将财富归为两类：金钱财富和非金钱财富。成功的企业能够通过其资本积累提升自身的非资本财富，比如捐款、承担企业社会责任等，从而使得穷人也能增加资本财富。最后，全社会的总财富也会增加。因此我们致力于教导学生要这样行事。

王庆石（东北财经大学国际商学院院长）：

道德是指我们要遵循什么，不应做什么，以及如何在社会上正确行事。商学院的毕业生在毕业后很快会成为商业领袖。领袖必须正确合理地行事。如果一位商业领袖马失前蹄，危及他人、群体或社会，他将永远无法获得成功。因此，对于商学院而言，强调商业道德应是第一要务。

中国文化中道德可以分为两个层面。从儿时起，传统文化就教导我们如何正确行事，从而形成总体的道德观念。但是在商学院我们必须创造另一个层面。我们学院设有会计和金融专业，并同美国大学合作。现在我们有教材教导学生从事金融行业的行为准则。比如，对会计从业者来说，了解行业准则十分重要。正确行事，你就能创造积极的社会影响；反之，则非常危险。因此，我们的课程中道德是一个重要议题。我们不但将道德融入 MBA 课堂，也将其纳入本科课程。同时，学院以多元化的方式教授道德课程，不仅运用商业道德教材，也邀请各行业的商务人士分享自己的亲身经历，进行案例分析。

Jilnaught Wong（奥克兰大学商学院副院长）：

提到商业道德，你就能想到金融危机以及金融丑闻，比如美国的安然事件。不幸的是，媒体对商学院及 MBA 毕业生谴责颇多。这并不理性，而是受金融危机的影响。其实，每次危机都很难与商学院联系在一起。但媒体再次站出来谴责商学院，指出美国 50%的 MBA 毕业生会在金融行业工作，进入投资银行、大型商业银行等；正是他们对丰厚奖金的贪念和追求引发了金融危机。虽然危机的爆发还与其他因素有关，但这一点被搬上台面来讲。

实际上，我提请此次全球商学院院长论坛组委会发起该议题，因为商业道德非常重要。商学院培养了一大批有悟性的毕业生，他们成为了商界领袖，有些还将成为世界一些主要经济体的领导人。幸运的话，其中有些人能步步为营，成为公司高层。他们会有一些误解，忘了是怎样的根本价值最终"成就自己"。首先要把握的价值观是诚信。如果你毫无诚信，则会一事无成。证据显示，当商学院学生在学业上取得进步时，他们会变得不那么道德，这点非常令人不安。这可能表明商学院没有充分开设道德课程。

我最近在《国际商务教学》(*Journal of Teaching in International Business*)上读到一篇文章，该文章研究了 22 家顶尖商学院所肩负的使命与构筑的远见。文章发现仅有两家商学院在其使命中提到了道德使命。当然，我们学院不在其中，这两家是悉尼大学商学院和中欧国际工商学院。我们在商学院教育中需要考虑道德教育的重要性，以及为何道德应体现在使命宣言中。由于其他演讲者今天已经就具体事例侃侃而谈，我今天就探讨下更为宏观的层面。

其一，我们教授金融史，即历史上所犯的错误，这可以让我们从中吸取深刻的教训。当你去接触现实世界，你仍然会铭记那些历史故事，这常常让我们陷入两难境地。其二，我认为需要考虑扩展会议议程，探讨社会责任。我们需要考虑下一代会面临怎样的挑战。我们要考虑气候变化、森林退化、人口过剩等问题，在中国你还需要考虑水资源与食品安全。这些问题将成为进一步滋生道德问题的重大问题。我们需要开始将这些问题纳入商学院的课程，因为商学院通常只注重历史和现实，不着眼未来——了解学生毕业后会遇到的情况，以及他们作为新一代领导人应思考的问题。其三，并非冒犯经济学界的各位同事，但我认为许多已开课程是基于"理性经济人"（REM）假设，如今，行为金融学、行为经济学及心理学等领域研究颇多，我们需要采用更为现实的方法。如果不因自身利益而采取行动，那么我们都不算是纯粹的机会主义者。因此,我认为需要拓展教学范畴,融入新视角——人们确实会采取无私的行动。我愿意帮助朋友,不是想要获得什么回报。行为经济学指出,我们需要考虑前进道路上会遇到的问题,以及未来将会面临的挑战。

朱宁(上海交通大学上海高级金融学院副院长):

大家好!我来自上海高级金融学院。各位院长的发言十分精彩,我希望自己可以有所补充。

我们需要讨论如何给公众和学生进行道德教育,而历史蕴涵着深刻的教训,我们可以从中吸取宝贵经验。如果回顾历史上的金融市场形势,就会发现市场总是在大崩溃之后才会意识到道德的重要性。因此,似乎在好的商业环境中,人们的本性往往会忽视道德。我希望发散下这次精彩会议的主要观点,多谈一谈政府在这一问题上的作用。

因为中国政府权力很大,这点对中国而言就尤为重要。如果思考下几年前的"占领华尔街"事件,表面上看来这只是反对金融界的一场运动。不过,除了金融界,其他行业当时也十分萧条。但我认为金融界与其他行业的区别在于——金融界大而不能倒。因此,如果金融行业不景气,纳税人的钱不得不被用来救助该行业,但其从业人员所获薪资却远远高于一般纳税人。然而,这样一来应当是各国政府对此负责,正是他们应当考虑如何平衡经济增长与环境保护,平衡效率与公平,平衡这代人与下代人的福利差距。我认为商学院应该多讲讲政府的公私权责,如何将政府德育与商学院道德教育视为同等重要。我是行为经济学者,所有的研究内容最终都可以归结于激励机制。政府公务员应该多考虑政策的长期效应,多向商业人士和商学院学习,从而了解商业领袖的思想。中国商人与中国政府相互合作至关重要。

超越课堂
——在商学教育中加强参与和学习体验

论坛由西交利物浦大学国际商学院院长 Sarah Dixon 主持,各商学院院长对于课堂之外的实践活动、交换项目、在线学习等内容展开了讨论。

Sarah Dixon（西交利物浦大学国际商学院院长）：

请问采用新的学习方法在提升利益相关方的参与度和体验方面的作用明显吗？有哪些空白有待弥补？

陈雅如（康奈尔大学约翰逊管理学院中国事务学术院长）：

我想谈一下我在康奈尔大学约翰逊管理学院的同事和我自己使用过的一些学习方法。

我在约翰逊管理学院教三门课：谈判、领导力和组织行为学。我本身是个十分注重学习方法的人。我的学生其实绝大部分并不是仅仅在课堂上听课而已。我认为像组织行为学这样的课，让学生真正去实践非常重要。比如，我们要讲主动倾听的重要性。学生们可以牢记那几个步骤，然后直接去主动倾听。他们只有真正去主动倾听、在与人沟通中运用那些步骤，才能体会到这个东西到底有多难。实话说，就算是 CEO 也会觉得实际运用比较有难度。这就回到了今天早些时候谈到的观点：把理论转化为实践，让我们的学生真正在实际生活中使用基本原理非常重要。所以，我认为让学生觉得学习的内容有现实意义很关键。当学生意识到内容的现实意义和重要性时，他们就能看到自己已经掌握和尚未了解的知识间的不对等，这样再学习起来会更有动力。最近我的谈判课，特别是国际谈判方面的内容，就采用了模拟谈判的学习形式让学生去体验、去积累经验。

今年以色列的 MBA 学生就是用这种授课方式上课。让学生们在课堂上确定模拟谈判的时间这件小事本身就是一场谈判。因为有时差和其他类似因素的困扰，这一点就经常让学生筋疲力尽。这样的经历就是非常好的课堂体验。我自己会采用这样的授课方式，让学生感受真实的情景。个人认为效果非常好。

我们几个同事刚刚在纽约校区创设了一个名为"一年制MBA"的专业。这个专业主要针对电子商务对商业运行模式的影响进行研究，是我们正在开展的一大试验点。该专业的临时授课地点位于谷歌大楼的一楼，以后长期校址位于罗斯福岛，这样我们的学生就得以一直在一个真实的企业环境中学习。该MBA课程还得到了包括华为在内的一些企业提供的各类项目、锻炼机会的支持。学生会在谷歌大楼里一个宽敞的平台上课。授课教授不会使用独立的办公室，而是真的坐在小隔间里工作，这算得上是个很大的挑战了。

我来这之前其实刚跟学生聊过，我接下来就要给他们上谈判课。我说我总共要给你们上七次课，但是现在我只知道前三次的上课时间，因为后半程的课明显还没安排出来。你猜他们跟我说了什么？他们说："陈教授，我们还不知道下周有什么课呢！"所以我真的觉得我们就是在践行要传授给学生的一些道理。我们生活的环境充满了不确定性，事物经常改变，一个人并不可能预计下周要发生的所有事情，只能做好准备、时刻迎接挑战。

这是我们目前在开展的一个很重要的试验点，以后我会择机就有关内容再做汇报。到目前为止，已经出现了这样一个饶有趣味的现象，就是学生之间互动颇为紧密。当要解决一个问题的时候，他们必须向本专业内外的同事、朋友求助，共同寻找答案。他们必须得采取更加主动的态度才能应付这种学业上的不确定性。

这些就是我们目前的一些情况，我希望这些做法都会有效。

Sarah Dixon：

个人认为这些办法还有目前的情况都非常好，毕竟只有改造商学院本身才能改变我们的学生。下面有请Bruno van Pottelsberghe先生发言。

Bruno van Pottelsberghe（苏威布鲁塞尔经济管理学院院长）：

我们学校向来注重总结硕士课程学生的学习经验，因为学生中有部分人之前担任过 CEO 的工作。我们设有研讨课这样的环节，让他们去研究某个企业的具体案例。这个环节的难度非常高，仅亚于毕业论文，因为案例都非常复杂，学校的评分制度也十分严格。在这个环节，学生需要综合运用本科和研究生阶段学到的知识。

学校的另一个全新模式就是为期六个月的全职实习。实习为自愿参加，主要针对两年半（而非两年）制的硕士课程学生。今年我们有 5 个学生在实习，预计明年会有 80 人。有的去了印度，有的在纽约。

这种实习的模式能很好地辨别出某个岗位的工作到底适不适合你。如果你本身是名审计员，那么可以选择就在审计行业实习。实习期间，你有机会了解自己的能力、喜好，企业也会对你进行评估。对于企业来说，这其实是一种发现、雇用人才的新方法。

尽管可能只占用你 1%的时间和精力，但这六个月的实习的净值是超过你个人财富的 1%的，因为实习能发现问题、让你以后少犯错。一个人最初的择业方向产生的影响是决定性的，就好像一段糟糕的婚姻，错误的选择会耗费你三年到四年的时间；像置办了一套并不理想的房产一样，你多年的时间和精力都白搭进去了。如果先通过实习去体验，就会给自己机会优化未来的职业发展方向。实习结束后，学生必须对自己的表现进行客观分析。学校对实习期的表现评分十分严格。它其实相当于你的一份个人作品。

以上是我们学校授课的方式中最有难度的两个地方，希望能对大家有所借鉴。

Sarah Dixon：

好的，谢谢！接下来该问 Rabikar Chatterjee 教授了。您认为，现在从国际上来看，商学院一般都采用了哪些方法来实现同业界的更好合作？

Rabikar Chatterjee（匹兹堡大学卡茨商学院副院长）：

我来自匹兹堡大学卡茨商学院。像很多其他商学院一样，我们的校训也是"实践出真知"。除了实践，我认为另一个具有战略意义的方式方法就是注重全球化。全球化是问题的根本所在。最初，我们学校会为 MBA 学生提供大量咨询岗位的工作机会，学生可以作为顾问就来自不同公司的开放性问题提供有效的服务。通常在开展工作的同时，学生都会对问题本身进行修正。如果某些问题的立意一开始就有偏颇的话，学生就会对整个问题重新进行定义。

我提这些是有原因的。我们现有的与国际上其他大学开展合作伙伴关系的固定模式已经较为普及。就卡茨来说，通常是外校学生来卡茨，或是卡茨的学生出国去外校，交换学习一个学期。但真正需要我们去做的、问题的核心，是在顾问项目中加入更多实习的机会。比如，北大汇丰商学院交换至卡茨的学生有机会在亨氏公司、美国铝业公司这样的匹兹堡的企业或者机构里工作；同样，卡茨的学生也能有机会研究深圳当地企业所面临的问题。这是传统伙伴关系模式的一种延伸，要做到这一点并不难，而且很有必要。目前我们还没做到这一点，但这是我们未来应该努力的一个方向。

大家不久就能清楚地看到"实践出真知"和"全球化"这两大目标的意义和价值所在。应该让学生在真实环境中学习，接触到本国的以及国外的企业。

Sarah Dixon:

谢谢！下面跟 Lars Strannegard 教授聊一聊。您认为商学院的创新举措真的会改善学生的学习体验吗？

Lars Strannegard（斯德哥尔摩经济学院院长）：

是的，我认为可以。非常感谢有机会参与这次讨论！

我来自瑞典的斯德哥尔摩经济学院。我们的学校规模较小，是一所私立学校，靠资助运作，因为瑞典有这样一个特色：不准我们这样的学校收取瑞典本地或来自欧洲其他国家的学生的学费。政府提供的资助非常有限，所以我们每年都必须有新的资金来源。自学校创立以来的一百年间，我们一直和企业进行合作，开展了各种不同种类的整合项目。比如我们有一个叫做"实地学习"的项目，尽可能地跟校外的企业进行合作。但是，由于我们学校以研究为主，仅开展合作项目还不够。我们还有很多研究人员为许多不同的期刊供稿，或研究一般商学院开展研究的方式方法。

我们想进一步扩充和加强学校与企业间的合作。为了实现这一目的，学校制定了战略指导方向。我们的教授基本上就是就此与学校的合作伙伴联络。我们还为学部设置了学术经理，学术经理专门负责与企业进行沟通、讨论企业所面临的挑战。我们也设立了一些专门的研究项目，比如高层经理培训项目、案例研究项目等。我们零售管理项目的资金全部由企业资助。

此外，还设有企业俱乐部，给每个学生分配一个企业，让学生对其相关业务和提出的问题负责，学校学生和企业之间形成长达两年的某种雇佣关系,学生同员工一起整理收集研究资料。举宜家和 H&M 这两家公司的例子来说。首先，学生跟学部的学术经理沟通，确定主题，然后真正开始研究。主题可以包括顾客的店内挑选路径、顾客喜欢哪些颜色等这类行为学问题。学生会同企业就此展开非常紧密的合作。这样一来，研究的过程就会非常有意义。

全球思维，本土冲击
——中国企业如何成长得更具全球竞争力

　　论坛由圣托马斯大学欧普斯商学院院长 Stefanie Lenway 主持，讨论涉及的范围主要包括中国企业如何变得更具全球竞争性、在进入国际市场的过程中会遇到什么问题，以及商学院怎样通过教育来帮助学生在毕业之后跨越文化差异的障碍，带领中国企业在海外市场大放异彩。

Stefanie Lenway（圣托马斯大学欧普斯商学院院长）：

我们这个论坛要讨论商学院如何帮助中国企业提高全球竞争力。在座的嘉宾在这方面都有丰富的经验，首先请 Chris Styles 教授发言。

Chris Styles（新南威尔士大学商学院院长）：

在这里，我要强调的是如何让中国企业更具全球竞争力。中国是非常成功的全球经济体，有着许多非常成功的公司，让我告诉它们如何把工作做得更好，这让人有些紧张。不过，我今天要提出三大问题或关键领域，以便帮助大家更好地理解和思考怎么样提高企业的竞争力。提高企业全球竞争力需要思考很多问题，但我这里只强调三点，即在何处参与竞争、如何参与竞争以及参与竞争需要什么样的能力。

首先，我们要阐明企业应该进入哪些市场参与市场竞争。通常来讲，回答这个问题相当困难。如果你读过许多国际商务或者国际市场营销教材的话，它们通常会告诉你这将是一个非常依赖分析的问题——寻找那些正在增长以及规模庞大的市场，然后选择其中最具吸引力的市场参与竞争。这个问题实际上每个人每天的生活中都会遇到，大家可能都得出了相同的答案，结果是全世界所有的公司都涌向最具竞争力的市场，以致最终每个人都很难获得竞争优势。所以说，这种做法并不总是奏效。客观来讲，排二三名的国家，其市场吸引力可能不那么强，但你去那里可能有更好的竞争优势，因为那里的竞争者相对较少。

另外，以什么策略进入选定的市场？我的建议是不要去碰那些规模比较大的成熟市场，而要去那些正在发展中的市场，比如说，你可以去非洲或拉丁美洲等地区，因为那里的竞争并不是十分激烈。当然，任何事情都有代价，不到成熟的市场你也就无法通过激烈的竞争获得更强的竞争力与创新能力。所以，我要再次强调，做决策时有许多因素要考虑。我认为真正重要的是，你在自己国家的成功经验和竞争优势，到了另外一个市场还能不能用？对其他市场是否依然有意义？这里有一系列问题需要你去考虑。一旦你选定了要进入的市场，随之而来的大问题就是该市场的最大风险是什么？这些风险存在于什么地方？我们过去做小生意，风险也比较小，但是一旦到了大环境中，风险因素也会随之增加。到了一个新的市场里，我们不仅要想着赚多少钱，而且还要跟零售商等利益相关者建立良好关系。一旦我们能够在大市场中立足，那就离赚钱不远了。是去还是留？这里有一系列的问题需要思考，不仅包括如何在短期内建立竞争优势，而且还要为更长远的未来考虑。

其次，中国企业应如何参与市场竞争呢？我想，不是所有的中国企业但至少有许多早已超越了赚钱。当下的企业应该超越价格，实际上也就是超越产品的核心功能，因为产品的核心功能已经被产品化了。中国企业要把重点放在产品品牌设计等环节。我经常到一些公司去做培训，发现公司之间的竞争使它们的产品看上去极为相似。这种情况下，我认为一个让你的产品与众不同的办法就是将公司本身视作一个服务提供商。如果我制造一个产品供货给沃尔玛，面临很多产品相似、价格统一的竞争者时，我会让自己拥有服务的心态。你看看二三十年前日本和韩国的产品，就会明白建立良好的国家产品形象依赖于产品质量。通常情况下，一国要改善国家产品形象，首先要有几个公司在这方面有所突破，比如中国的联想。

最后一个问题涉及人，控制资产的人也是资产。这里就涉及企业家精神——你如何看到别人看不到的机会，创造别人得不到的机会。这里也包括管理团队的领导力，它能够让下一代经理人良好运作。当然，我认为另一件大事是跨文化工作的能力。你不一定要在每个领域都成为专家，但你必须学会在不同文化中展开工作，因为这些都会是你职业生涯中必不可少的部分。

Eitan Zemel（纽约大学斯特恩商学院副院长）：

我今天谈的主要内容就是今天的主题，我会讲讲上海纽约大学是如何做的。

中国企业走向国际市场需要做些什么？我认为前面的分析是非常正确的。如果我还能做些拓展的话，我认为中国企业需要新的东西，中国企业从低成本优势走向有高附加值的过程中需要创新和质量。创新是你提供的产品和服务是什么，质量是你实现创新所应具有的系统能力。我认为这两点，既是中国面临的问题，也是当下国际性的问题。

毫无疑问，未来十年全世界会接受中国的产品，所以不要过分担心。我想大家都知道日本和韩国的例子，现在它们的产品质量很好，我相信中国也能克服这一点。中国有许多非常优秀的公司，它们制定了严格的质量管理策略，只要行业、政府和学术界通力协作，建立中国制造品牌的目标并不遥远。

在上海纽约大学，我们试图培养全球公民。我认为关键的技能是开放和宽容的心态，因为不同的社会有不同的规则、体制、生活方式和企业文化。不管是商人还是学生，这都是重要的技能。坦率地说，这些对我们的教员也同样重要。纽约大学之所以走遍全球，部分的原因在于我们希望学生和老师到不同的环境中，迫使他们寻找同一性和差异性。在上海纽约大学，我们一半的学生来自中国，一半的学生来自国外，每一个中国学生都必须与国外学生生活在一起。这样做的目的就是超越舒适，塑造人格，使他们能够与他人相处，并从中学会处事方式。

Tan Kok Hui（南洋理工大学南洋商学院副院长）：

大家好！我叫 Tan Kok Hui，我的中文名字是陈国辉。大约在十多年前，我们到了中国。在中国，我们有 20000 名校友，算是比较早进入中国的。在南洋理工大学南洋商学院，我们提供普通话和英语教学。所以在中国，我们比其他外国学校更有竞争优势。我们不但提供 EMBA 项目，而且还提供一些硕士学位项目，还有一些培训。

接下来，我想谈谈全球思维与本土影响。我接触过一些在中国和新加坡学习的中国学生，我的讲述将会融入一些我个人的经历。多年来，我们在中国一直努力的方向就是带他们认识世界。有时候，他们认为自己知道世界是什么样的，但当面对一些现实问题，比如在一些涉及外国话题的讨论中，中国学生很可能就会觉得跟中国的情形大不相同，他们通常会停止思考。因此，这是我们努力的方向。但如果你谈的是如何使中国企业更具全球竞争力，我倒是非常乐观。说到中国企业，首先给人的印象是它们很渴望，就像在座诸位，非常渴望进入市场拼杀。

另一个问题是中国企业家都非常短视，意思就是他们没有从一个长期的可持续角度发展业务。我想这种事情不仅发生在进入世界市场时，他们在中国做生意也是一样，没有建立一种可持续的商业业态。在本土市场，他们持有这样的观点，可能与政策和政治的不确定以及模糊的领导体制有关。对他们来说，从长远的角度去考虑业务是很难的。所以当他们去拓展全球业务时，也将这种心态带到了世界上。

最后一点是文化问题。中西方的文化差异非常大，这需要长期的教育。在南洋理工大学南洋商学院，我们在这一领域做得非常前沿。当我们在教育学生的时候，就已经打造了他们的研究能力，让他们变成极富文化魅力的学生。由于我们坐落在一个非常国家化的城市，这能使我们做很多事情，而西方大学对此难以实施，这就是我们的优势。

毛基业（中国人民大学商学院院长）：

我想在这里回应一下前面几位的发言，然后介绍一下我们学校正在做的事情。

首先，Chris Styles 教授提到了中国企业进入国际市场的策略问题，典型的代表就是华为。华为在中国市场发展得非常成功，它是中国市场的主导者。当中国市场饱和以后，它去了非洲和南美洲。在开发了发展中国家的市场后，它又逐渐进军欧美成熟市场。在华为这个例子中，这个理论是非常贴切的。

另外，我也要回应一下 Eitan Zemel 教授的观点，即文化上的差异性和相容性。我的印象中，中国在海外的直接投资中，成功率比较高的是在那些与中国文化相似的国家，比如在越南、泰国等。近年来，随着中国政府推动中国国有企业和民营企业走向海外，中国企业中出现了越来越多的失败案例，于是相容性被提上日程。所以我想，可以从这些经验中提炼出亮点。

一方面，中国市场跟美国市场非常像，人口基数比较大。所以中国市场应该是跨国公司必争的市场。所以，相比之下，中国企业向海外转移的动力就会弱很多。高层管理者通常忙于中国本土的市场。简单的逻辑是，如果你成为中国市场的主导力量，在本土市场做得非常成功，比如进入中国市场的前三强，那么你很有可能就已经是世界 500 强企业了。所以，我们往往夸大了中国企业向海外转移的需求和动力。另一方面，中国企业准备不足，高级管理人员的教育水平、文化体验和国际经验都十分缺乏。也就是说，这也在一定程度上反映了当下中国学生对国际化的需求。

接下来，我想说说我们学校正在做的一些事情。我们一直在扩大国际项目，现在有两个项目是全英文授课。在学校层面，我们有60多个交流学校，我们积极鼓励学生出国。比如，我们收到了大量以色列大学的申请，他们很渴望与我们合作交换生项目。到目前为止，我们只签署了一份协议，但还没有派出一个学生去以色列学习。其中的原因有许多，我告诉学生，如果他们不主动申请，将丧失一个非常好的交换机会。我想这可能反映了学生的需求。到了高年级，学生们忙着在国有企业和金融机构谋取一份工作，他们还没有意识到需要国际化。

在未来，所有的跨国公司都会在中国展开竞争，远比在美国市场激烈。一定程度上来说，美国的学校和企业缺少国际化，因为美国本土的市场在深度和广度上做得非常好。学校的管理者和教员必须努力工作，因为未来在这里的竞争太重要了。在未来，中国学生毕业后要么进入跨国公司工作，要么与跨国公司展开竞争，所以他们必须开发一种全球的思维方式。如果能够为我们的学生提供更多的交流机会，我会非常高兴，并且愿意与任何人展开合作。

吕源（汕头大学商学院院长）：

首先，我想谈一下汕头大学教育的国际化。由于我们受李嘉诚基金会捐助，国际化始终是我们的战略之一，这也是由李嘉诚基金会提出并推进的。广东省教育厅的一位副厅长曾在2012年走访过汕头大学。他说，我觉得汕头大学虽然离广州很远，但离世界很近。当你来到我们学校时，你会看到许多外国学生和教师。我们20%的学生有过海外交流经验，无论是通过参加国际性赛事、交换项目还是其他渠道。例如，2014年7月，李嘉诚基金会资助了25名商学院学生在加拿大学习一个月，我们最近又收到了资助学生们赴加拿大学习的捐赠。

我想说的是我们提供这样的机会，并且希望看到学生们的优异表现。上周我在上海，和一些在那里工作的校友参加了一个联谊会。我们一共有16位校友，其中4位告诉我他们从交换项目中获益良多。有一个毕业近15年、在一家外资投行工作的女孩子，她很成功，也很强势，是个"女汉子"。她的英语比我要好，和清华、北大的毕业生同台竞争。她告诉我，我们的毕业生至少口语水平要和那些顶尖大学的一样出色。

所以我们在国际化方面投入很多。当然，正如毛基业先生所言，这仍是一个挑战。第一，一些学生不愿意这么做。第二，国际化学生的市场需求还仅限于跨国公司。我推测在大概10年时间里，这个市场需求还会增长。也有一些全球化或国际化的中国公司有需求，但目前这个市场需求还是受限。我们观察了世界其他地区的国际化和全球化，并且发现欧洲和美国公司的全球化是在100—150年前伴随着殖民统治开始的。尽管中国在国际化进程中是后来者，但我们不会那么做。国际化不但是一个市场竞争优势还是体制的优势。所谓体制的优势，是指能够理解外国法律、业界规则所需的人力资源和才能，以及具有了解我国消费者特点的能力。正如我的同事所言，这是一种文化。因此对于中国，我们会看你身边的人有多少是有海外学历的，有多少是有过海外工作经验的。国际化是一种历史传统的传承或者才能的集聚，我们需要非常努力才能实现那种目标。然而，这需要花费很多时间，因为这是个学习的过程。

我再说一下中国公司的国际化策略，它和西方公司的截然不同。2005年我的一位朋友在《亚太管理杂志》上发表的一篇论文中指出，中国公司采取3L战略。第一个L是互联（link），你建立关系，同合伙人一起走向全球化；第二个L是学习（learn），虽然不具备科技优势，但我们可以向你学习，并且我们还可以学习管理技能；第三个 L 是杠杆化（leverage），许多中国企业经历了这个进程，起初它们做贴牌生产，继而建立了自己的品牌，之后再学习怎样并购和投资，这是一种互联和学习的杠杆化模式。我想通过第二代企业家的努力，中国企业特别是私企走向全球化的步伐会加快，但仍旧需要一定时间。

Alison Davis-Blake（密歇根大学罗斯商学院院长）：

我今天的演讲可能与主题不太契合，它关注的层面是，为了帮助我们的学生学会以更国际化的视角为新兴市场提供新的产品和服务，我们具体在做些什么。

在美国，帮助学生是一个悠久的传统。第一，如果你要了解另一种文化，你必须先了解你自己，你自己的身份、价值观以及看待世界的方式。所以我们首先需要花费一定时间帮助学生们了解他们自己的身份和信仰。接触别人有助于了解自己的看法。你需要了解你自己，这样在和别人相处时，你就会清楚地知道自己的优势和劣势。第二，接触各种各样的人对理解多元文化是非常重要的。在美国，我们有得天独厚的优势，因为美国是一个联邦制国家，我们没有特别突出的州。通过邀请不同国家的学生来我们的大学，我们扩大了这种优势。比如说，在我们 MBA 的项目里，我们有三分之一的学生来自其他国家；即使是美国本土的学生，也来自不同的地区，背负不同的传统。同样重要的是，我们还有多元化的教职工群体。因此，多接触不同的人是第二步。第三，将你跟不同的人接触时所学到的技能真正付诸实践，这样你才能喜欢上新兴、多元的文化。我认为，在这个会议上我们已经花了很多时间来讨论全球多元化，但是多元化有许多形式，在不同的功能区，文化多元化可以发生在不同的人群和组织当中。有时，我认为从事销售和从事人力资源管理的人之间的差异要胜于来自不同国家的两个人的差异。因而在以上层面上理解多元化就是，通过与别人合作，寻找到解决问题的有效方法，理解你自己的文化中的亚文化。因此，无论是学习怎样将一个产品引入美国，还是学习如何处理与中国的外包关系都很重要。

现在，我们总结了以下几个方面：了解你自己、与不同的人工作、在多元文化中有新的经历。然后，我们的学生就会明白如何了解市场。

Martin Binks（诺丁汉大学商学院院长）：

首先，我们来谈一下中国公司如何在全球市场当中竞争。一定程度上，其他一些公司可以在中国市场很有效地竞争。我们要讨论的是全球视角，而那并非单向交流。为了培养全球化的思维方式，你需要了解那些公司的文化。而为了了解那些文化，领导者和员工都必须展现出多元文化的视角和全球化思维。你不应当被动地进入一家公司，他们需要你是因为你能够展现出全球化思维，因此你需要承担起责任。

在我们的商学院，我们做的事情与在这儿听到的一样，比如倡导多元化。我们的教职工群体和学生群体都很多元化。但我们并没有尽可能有效地使用它，我们并没有以一种富有想象力的方式来利用多元化，而那种方式本能够令你更轻易地掌握多元化思维和意识。所以，作为学者、机构和组织，我们都是有责任的。然而，你也有责任，你必须发挥主观能动性。你不能只是一味等待它的发生，如果它不发生，就沮丧或者失望。你必须对它非常渴望，你必须前进并思考怎样才能接触到世界各地不同的思想、网络能帮你做什么。你处在一个不断交流的世界，大众传播和全球传播被不断推动着向前，你比我们那个时代的人更幸运。你需要目标明确：我该怎么使用它？我能用它来做什么？都有什么网络？学生网络？教职工网络？你需要充满活力和热情地走进去，而不要等待它走向你。

拿诺丁汉大学来说，我们是第一所获准在中国开设校区的大学。这源自于一位极富企业家精神的管理者，他说："我们需要进入中国，因为那是发生在地平线之上的趋势。"现在，我们进入了中国，而且各方面都做得很好。但是有意思的是，当我们在英国的学生有机会来中国学习与英国完全相同的课程时，他们中的大部分人并不会选择这么做。然而，中国学生看到了到英国学习的机会并抓住了这个机会。问题是如果你喜欢发挥主观能动性进行控制，为什么还会有这么多的阻力。但是多数学生并没有这样做。

回顾 100 年前，你会看到哲学的开端。展望 100 年后，中国也将持续发展。没有新的技术和创新，你将需要无穷的中国制造的资源。我们需要打破常规，而那需要全球思维和合作。你不可以自满。改变不是即将来临，而是无时无刻不在发生，无处不在。

加强学术研究与实践活动的相关性
——激发对实践的洞察与引领

论坛由俄罗斯普列汉诺夫经济大学管理学院院长 Maxim Ponomarev 主持。来自全球多家商学院的院长就"加强学术研究与实践活动的相关性"问题展开专题研讨,分享了各自的观点。

Maxim Ponomarev（俄罗斯普列汉诺夫经济大学管理学院院长）：

首先有请第一位演讲者——中央财经大学葛建新教授与我们分享她对这个主题的看法。

葛建新（中央财经大学商学院副院长）：

我是葛建新，来自中央财经大学，我想介绍一下我们的做法。

在商学院，我的主要研究领域是管理学、宏观经济学等。在研究结果的质量和接受度方面缩小研究人员和企业之间的差距对我们而言是个挑战。我们学院承担了几项研究，其中一项来自学术委员会，他们提出一些关键论题或关键词，能将不同的主题联系起来，例如大数据、消费者行为。这就让不同领域的研究人员集合起来，基于企业需求，共同解决问题。一年之后，这个方法取得了很好的成果，发表的论文或即将发表的论文都很贴近实践需求，而不是让企业人员疑惑的模型和概念。我们学院还与企业合作，比如宝洁（中国）。他们对我们的研究提出几个论题，形成共同合作论题，一些与消费者行为相关，一些与大数据相关，还有一些与移动电话有关。在研究的数据收集阶段之后，参与人员，包括企业人员、教授、其他教员、硕士生和博士生，得出了非常好的研究结果。这项研究得到赞赏，在今年的多次研讨会上我们对研究结果进行了评价。这就是我们所采用的管理方式，将不同的团体和需求的不同方面结合起来。我想，我所面临的挑战是从在座各位的身上学习更多的经验。谢谢！

李天行（辅仁大学管理学院院长）：

这是一个很好的机会，我能与在座的各位分享我对加强学术研究与实践活动的相关性的看法。

首先我认为这个话题对于一个商学院院长来说很有挑战性。商学院都很看重排名,特别是对综合性大学而言。我们大学拥有11个学院,比如医学院、理学院和工程学院等,排名关乎着教职员工的晋升问题。我们可以看到越来越多的学校在教员晋升问题上政策非常严格,一些学校甚至只接受在顶级期刊发表的文章。如果你想要在顶级期刊发表文章,基本上你的文章得基于理论、基于模型。如果你想要将这一类的期刊文章运用到实际中,则几乎是不可能的,尽管我不想这么说。所以,似乎这是一个普遍做法,对顶级学校中的年轻教师而言,他们很多产,写很多文章,那是因为他们经过了博士阶段的学习训练。对他们来说,缩小学术研究与实践活动的差距是很困难的。我的理解是如果要解决这个问题,也许从政策入手是不错的办法。但由于我们大部分出身商科,很难拥有足够的话语权来与来自医学院、理学院和工程学院的院长争论,因为很多学校的校长就来自这些领域。我的学校不是公立学校,所以我们有一定的自由。实际上我与我们的校长讨论过这个问题:对学术研究而言,发表期刊文章并不作为晋升的唯一途径是否可能?学校在决定晋升的多种考评方式上是有一定自由的,但我们仍然有很长的路要走。在我们学院,如果教师要晋升,需要经过三个层级的评估:系、学院、学校。在学院层面我们可以给予一定的自主权,但是到了学校层面,我们也面临困难。这是我想说的第一件事。

第二件事是负责研究的院长应该采取一定的机制使第一件事成为可能。我们就这么做了。以下是两个例子。台湾地区是个独特的地方,有着覆盖所有人的全民健康保险制度,积累了大量数据。我们与医学院有着紧密的合作,医学院有权访问所有的数据。由于我们与医学院的紧密合作,因此也获得了2300万份记录。年轻教师发表文章真的很困难,年长的教师不需要太担心发表文章的事。如果我们与医学院的教师以及政府官员密切合作,我们就能出一些研究成果。相对而言,这个研究在修正台湾的全民健康保险制度方面是非常实际的。我们也为这种类型的研究人员指出了研究的大概方向。我们还对与医疗管理等有关的刊物展开深入调研。我们能够帮助教师得出研究大纲。这是一个例子。另一个例子是，我们的财政部门非常庞大，我们学院和财政部门在银行业领域也有合作。他们在信用卡诈骗方面有大量数据，我们帮助其建立了一个信用卡诈骗侦测系统。相对而言，这是一个面向实践的研究，得出的研究论文也可以发表在一些面向应用的刊物上。虽然具有挑战性，但也是一个办法。

Michael Roos（波鸿鲁尔大学经济管理学院研究院长）：

我的观点与同行有些不同。未来很难预测。理解什么是机制是困难的。如果我们讨论企业领导人在当今世界需要具备什么能力，我想他们需要具备创造力，能够想出新的商业模式和解决方案。

我是学校经济管理学院的研究院长，我们学院并不是真正意义上的商学院，我们做的是基础研究，与理论研究更为接近。这点非常重要，我认为大学不应该试图去解决实践问题，大学的研究和教育应该聚焦比较优势。一些实践问题可以由其他的机构解决，基础研究只能由大学来完成。基础研究是非常有用的，如果想要培养企业领导人的分析能力，不仅要给他们讲模型，还要给他们讲经济学理论，这是看待世界的方式。

而且我认为最好的教学是去找到不同的途径、不同的理论。从我的角度来说，这就是学习获取分析能力的途径。刚才提到将模型运用到理论中来，我不确定是不是都可以真的把理论应用到实际问题中来。你得从别的途径来解决问题，但是你会需要理论背景来理解问题。使用理论知识来构造问题、提出问题，这是找到正确问题的重要一点。

因此，理论思考是非常有用的。至于创造力，重要的是我们的课程要多样化，包括我们不同的语言和价值观。学习伦理学会有用，例如哲学。虽然哲学离实际业务很遥远，但哲学依然非常重要，你可以从中获益。

最后，企业领导人必须能够与具有不同背景、信仰和来自不同国家的人交往。这样一来，了解他人就会更容易。如果你学习哲学，就会发现看待世界有许多不同的方法，有许多不同的系统可以帮助你理解世界。我认为这是有用的，甚至在商业实践中也是有用的。当然你可以将理论（包括哲学理论）运用到你在企业中每天所做的事情中去。心态是很重要的。这是我们应该教给学生的。

Joyce Teo Siew Yean（文莱达鲁萨兰大学经济管理学院院长）：

女士们，先生们，下午好！我是文莱达鲁萨兰大学的 Joyce Teo Siew Yean。感谢有这样一个下午，下面我来与大家分享我的看法。当前研究驱动对企业基本实践的看法，特别是在前面的同行已进行过讨论之后，我认为这是最难的问题之一。大家的回应都是在应用与基础学术研究之间展开，在此我想从另一个稍微不同的方面讨论这个问题。因为经济管理学院太普遍了，每个学校都有，所以我们学院建立了当前的研究原则。其中一个原则是参与到企业发展中来。至于我们是怎么做到的，接下来我要讲一个很长的故事。

每年我们经济学院会邀请一些企业，与他们接触，动员他们，其中一些企业可能是我们学生的雇主。很有趣的是，第一次动员企业时，我还是研究院的院长。我给多达 250 家不同的企业打电话，我敢肯定，大家一定猜到他们的反应是怎样的了，只有 32 家企业出席活动。这 32 家企业问："Joyce，你为什么给我打电话呀？"我说，我们想要听听你们的反馈，而且你们对我们的项目比较了解。第二次动员企业时，我改变策略,给他们展示我们学院项目的发展情况、学生的简历以及学生和教师都在做什么。有趣的是在第二次动员之后,我给企业打电话,包括之前保持沉默的那些企业,有超过 200 家企业改变主意,重新安排会议。形势改变了,这些企业对我们正在做的项目极其感兴趣。相反,他们给我打电话,说:"我对经济管理学院正在做的项目印象深刻,你可以告诉我你们需要什么帮助吗?""当然,我想资金是非常重要的。"我认为参与到企业中很重要,很多企业的负责人也是我们的校友,现在我们已经是他们中的一分子了。不仅获得反馈重要,获得资金也很重要。有很多次企业成为了我们的生态伙伴,成为研究项目的一部分。为了使企业了解我们的研究人员是最好的研究人员,我们引入了一些适合企业合作伙伴的实践。通常企业会很喜欢,因为他们成为了其中的一部分。参与实践活动的都是企业的经理或者 CEO,都很优秀,除了提供资金外还需要完成自己的任务。这是很重要的一方面。

第二方面是要实现平衡。因为作为院长,一旦资金到位,我们很容易脱口而出说有资金好啊。但是,教员可能会来跟你说我想做基础研究,而不想盲目做研究。院长需要在企业所需和教员所需之间找到平衡,因为最终院长要管理教员,而不是服从企业的使命。因此,要找到方法来描述当前员工参与的模式。我认为这是我们的指导原则之一。

第三方面是,最近我与教育部的顾问迈克尔·巴伯爵士进行过一次圆桌会议,展开了长达一个小时的激烈讨论。他的论文是关于创新,他洋洋洒洒地描述了五年之后高等教育情况的不确定性,因此你需要培养学生学会各种技能,从而满足现在的甚至是十年、二十年后就业市场的需求。今天早晨沈联涛教授还分享了 VUCA 模型,他说所有的变化和不确定性将可能成为事实。为了使大学的研究更贴近企业实践,我们总是要确保研究中考虑了以下三个因素:创新、应用和商业化。

这就是我要讲的三点。谢谢大家!

Sebastian Heese(欧洲商学院副院长):

大家好!我是欧洲商学院的 Sebastian Heese。一年半前我刚到德国欧洲商学院,在那之前我在美国待了13年。在德国,大多数商学院都与公立大学有联系,很少是私立的。而我所在的商学院就是私立的商学院,很特别。例如,我目睹了商学院试图与企业建立合作关系,通过企业筹集资金。我们得很努力,因为我们依赖于与各个企业、机构和中心的合作关系。我负责供应链管理研究机构,完全靠自己筹集资金,学费到不了我们手里,我们通过合作伙伴赞助,获得全额资金。

如果没有商业参与,有可能做好商业研究吗?当然,也有很多好的基础研究,但是如果谈到商业研究,那么就应该研究商业。商业和研究应该相关,这并不是说基础研究和商业研究对立。我会在商业周刊上写有趣的文章,指出存在的问题,我会告诉公司:这里所提出的解决方案没有在现实中实施或实验过,只用于理论证明。我明白,学术研究与实践活动应该相关,但这中间并没有联系起来。从我的角度来看我们所需要的是相关性,我认为这是有益的。有了有趣的问题,去测试、收集数据,使其变得有意义,然后发表。在选择项目时,很多公司会说:"嘿,我们将给你提供多少美元,帮助你完成这个项目。""哦,先生,不,我们不能这样做。这是咨询,你需要找专业咨询人员。"企业说:"我们为你和研究体系提供资金,希望五年内你为我们提供对策。"对企业而言,这么做更划算,因为我们的商业案例要比麦肯锡等专业咨询公司的便宜很多。我们也能提供许多培训,因为我们有充分的能力。同时我们可提供大量的人力和学术研究,这已经远远超出麦肯锡所能为企业提供的。因此我认为,专业咨询公司的价值在于提供常规研究，我们是补充，而不是咨询顾问的替代。

当然，就研究而言，我们做的事情是与众不同的。目前我负责学院长期聘用评估过程的集中管理，我们形成了组合策略。根据德国政府的法律规定，每个教员都需要做研究；在要求之外，如果你不擅长研究但是你擅长教学，那么这也是贡献，会得到尊重，也能获得长期聘用和公正的评估。

谢谢大家！

Djoko Wintoro（普拉塞提亚姆雅商学院院长）：

大家好！我是普拉塞提亚姆雅商学院的院长。

三四年前，人们认为所有的商学院都应该无所不能。为什么呢？在商界看来，在政府看来，商学院只是为企业提供人力资源的供应商。如果毕业生的能力和企业要求的能力之间存在差距，那你就是错的。企业会向商学院抱怨。现在情况改变了，取决于政府政策、企业政策和商学院政策。

在实施合作项目时协作很重要。例如在我们实施企业和商学院之间的合作项目时，企业负责开发课程，负责指派经理来课堂上课，负责提供实习项目、讲解案例编写和案例分析；商学院为企业提供一些解决方案，帮助它们改善商业实践。所以企业不找咨询机构了，它们直接来找商学院。为什么？因为我们运用理论改善了企业的商业实践。

Kiran Fernandes（杜伦大学商学院管理系系主任）：

我来自英国杜伦大学。大约六七个月以前，彼得·希格斯教授在杜伦大学做了一个讲座。大家听说过彼得·希格斯吗？他曾获得诺贝尔物理学奖。我们问了他一个问题："理论是什么？"他宽泛地回答说，理论就是需要解释但又需要联系实际的东西。我认为我们不可能脱离理论。想想那些物理学、化学领域的学者，他们不断做实验来证明某个理论的正误。关于商学院管理设置或者企业设置的假定也是一样，我们不可能脱离理论来做研究。我们是在做有关企业的实验，我的意思是如果我建立一种供应链理论，我需要企业来证明、试验理论，如果不奏效，还要修正理论，不能孤立地做研究。我们与全英国排名前五的大学展开合作研究，我们是欧洲排名前十五的大学，是世界上最好的 500 所大学之一。我认为其中一个原因是我们在企业方面所取得的成绩。我举两个例子。

我们坚持合作生产原则。我们与企业密切合作，生产下一代的学术知识。我花了很多时间研究企业，写文章，花好多个无眠之夜，试图在 FT45 刊物上发表文章。我在这个行业谋生，了解这个行业的规则。就我个人而言，重新出版与实践没有联系的文章完全是不符合事实的。在杜伦大学我们有一个中心，研究供应链管理。我们与一家公司密切合作，他们制造很多大型卡车，你可能在路上看到过，这些卡车把货物从一个地方搬运到另一个地方。他们取得了很大进步。这家公司拥有全球化的供应链，从世界各地采购，与许多其他公司合作，例如发动机制造商等。这些公司都是这个优秀中心的合作伙伴。我们与这家公司合作生产知识，这是研究的最前沿。我一直在 FT45 刊物上发表文章，将理论与实际贡献联系起来。这是我称为"合作生产"的经典案例。

我们还使用另一个机制，叫做"居民领导"，我对此深信不疑。什么是居民领导？就是鼓励来自不同领域的企业伙伴进行交流。有一家知名美发公司 TONI&GUY，收费昂贵，他们的业务是基于高质量的服务，这是他们所涉及的商业模式。这个例子表明，学术不仅在纯理论领域发挥作用，在生产和知识转移方面也同样重要。我认为学术研究和实践活动之间需要有相关性。

陈勇（深圳大学经济学院院长）：

我是陈勇，深圳大学经济学院院长。我想跟大家讲个故事。大约二十年前，中国平安还只是一家保险公司，现在平安已经是一个庞大的金融集团。平安曾经花 100 万元请麦肯锡为他们提供 10 个方案。在那时 100 万元挺多的，平安所想要的正是学生从商学院所想要学到的。他们想要学习对实际工作有用的技能，但是做研究是复杂而且困难的，特别是研究很难转化为实际技能。因此教师们面临一个进退两难的困境。一方面他们需要教给学生一些实际技能，另一方面他们也想得到提拔晋升，评判依据就是他们的出版物。教师们如果想要评上副教授、教授，需要在最高等级的刊物上发表许多文章。但是这些文章和研究很难指导学生去开发实际技能。一些文章或许可以归类为实际技能，但其他的就很难归类。一些管理理论在当时很流行，但一段时间之后就不再流行了。例如，迈克尔·波特的钻石理论曾经风靡一时，但现在已经被哈佛大学另一位教授的理论所取代。中国学生把迈克尔·波特的钻石理论学得很好，但是他们对现在流行的另一种理论却不熟悉。

这就是我的观点。谢谢大家！

附录:访谈实录

借力国际化促进教育变革

海闻　北京大学汇丰商学院院长

2014年10月24日，来自英国、美国、俄罗斯、印度、新加坡、澳大利亚、中国等国家的几十位商学院院长齐聚北京大学汇丰商学院，参加全球商学院院长论坛，探讨商学院教育及全球经济的未来。这一论坛是北大汇丰商学院（原北大深圳商学院）十周年庆典的一部分。

北大深圳商学院创办于 2004 年。六年前的 10 月,在获得汇丰银行 1.5 亿元捐助后,北大深圳商学院正式更名为"北京大学汇丰商学院",由时任北京大学副校长、北大深圳研究生院院长的海闻教授兼任院长。也是 2008 年 10 月,为了在全球化时代为中国培养具有国际视野和全球竞争力的跨国法律人才,搭建高层次的国际性学术交流平台,北京大学国际法学院隆重创院,康奈尔大学前校长、密歇根大学法学院前院长 Jeffrey S. Lehman 教授担任创始院长。

两个全新学院的诞生,是海闻主政北大深圳研究生院后进行的一系列改革中的代表作。"让中国高等教育走向世界"是海闻的一个"梦",将深圳研究生院办成一个国际化的北大新校区是他圆梦的着力点。"因为没有本部那么多历史文化包袱,平地起高楼,相对会容易一些。再加上深圳本身就是一个国际化程度很高的城市,它所处的环境、体制和社会文化氛围,使我们的众多变革会比较容易实现。"海闻说。

创新人才培养是一个系统工程

《21 世纪经济报道》:目前,中国正在进行产业升级与发展转型,因此对于创新人才的需求更加迫切。在您看来,创新人才培养需要哪些条件?

海闻:创新人才培养是一个社会文化问题,也是一个系统工程。它不是单靠高校能解决的事情,要从中学、小学甚至幼儿园开始,比如,我们要能接受孩子们的异想天开,不能只要求他们循规蹈矩。高校招生方式也要改革,不要再把分数作为唯一的录取标准,这些改革对创新人才的培养非常重要。我们当然需要有高考制度,但应该允许高校录取学生方式的多样化。公立大学强调公平,但要允许有其他类型的学校比如私立学校，有录取学生的灵活性，那就会给其他的创新人才同样的高端的教育渠道，而不是达不到某些标准，连大学都不能上了。这些涉及整个教育体系的改革。

对于高等教育而言，创新人才培养需要在三个方面做出努力。

第一，是给学生宽广的知识领域，因为每个人的能力、特长是什么，别人包括老师都无从判断，必须让他自己去了解。比如乔布斯，曾经关注过艺术、宗教、IT等领域，最终找到了自己喜欢的东西。所以大学阶段，学校需要给学生提供一个很宽的知识领域和眼界。大学里不仅仅是读书，大学不仅仅是教知识的地方。在信息时代，很多知识学生都可以自己去学习，不需要老师按书本教下来，尤其是信息类的知识，学生去查一查就知道了。大学课程需要改革，要让学生有更宽广的眼界，包括国际的接触，以便学生找到适合自己发展的领域。

第二，教师的引导和榜样的力量也很重要。学校最重要的作用就是引导和激发学生的兴趣，比如当年的陈景润之所以对数学那么感兴趣，就是因为他的小学老师说，解决了哥德巴赫猜想就如同摘下了皇冠上的明珠，这就激发了他对数学的兴趣。我在美国教书时，学生进来是不分专业的。学生如何选专业，完全靠各个院系的老师把课程设计好，然后需要老师来吸引学生选这个专业。在北大，每年都有很多学生选修中国经济研究中心的双学位，其实并不是每一位同学都想挣钱，而是因为我们中心最优秀的老师都给本科生开课，林毅夫、周其仁和我都给本科生上通选课。有些学生开始也就是听听而已，但在听课的过程中，许多学生对经济学产生了兴趣。所以，教师的引导和榜样的力量对学生兴趣的激发特别重要。

第三，要给学生自由选择的机会。如果一个学生对物理感兴趣，你要允许他学物理；另外一位同学对化学感兴趣，你就要允许他学化学。这样，他们才能按照自己的兴趣去尝试，去发现适合自己的发展道路。所以我认为中国的高等教育，尤其是研究性大学的本科教育，必须以激发学生的兴趣为核心，这样才能培养出创新人才。

《21 世纪经济报道》：您曾经提出，在本科阶段，通识教育是学生发掘和培养兴趣的基础，而自由选择专业则是激发学生兴趣和创造力的保证。如果专业选择不是个人兴趣的结果，学生就会被各种社会概念所胁迫，去选择自己并不喜爱的专业，如此一来，也就不可能获得真正的创造力。那么，高校实行通识教育和学生根据兴趣选专业难在何处？

海闻：这里面有理念问题，有社会影响的因素，也有利益问题。比如有人会担心，一旦自由选择，大家都选择金融、管理等热门专业，没人选数学、物理怎么办。我认为，一开始可能会出现这种情况，但只是暂时的，因为社会发展有一个过程，需要从动态来看问题，之所以大家现在都喜欢选金融和管理之类的专业，是因为中国现在有大量的需求，但不会永远是这样。我们知道，美国大学里的专业或课程也有热有冷，这一阵子热的专业或课程，过一阵子可能就冷了，这就符合市场规律。反过来讲，如果一开始我们强迫学生学数学、物理，但不是他真正的兴趣所在，到了研究生阶段他还是更可能会选择学金融或管理。现在，我们很多学生找工作，还是奔着挣钱的职业去的，学校老师花了那么多时间和精力培养他，他没有兴趣，其实是浪费他的时间，也浪费老师的时间。

另外，如何来扭转这种现象？我相信并不是所有的学生都这么势利。很多中学生刚刚进入大学之门，对物理、生物、化学等基础学科很感兴趣，问题在于如何继续激发他的兴趣。相对冷门的学科的教师，有没有在这方面真正花工夫？比如，我们的数学老师有没有让学生感到数学的伟大？我们的化学老师有没有让学生感到化学的神奇？学校也可以有一些相应的调节措施，比如学商学的不设奖学金，同时加大冷门学科的奖学金力度，以达到一种平衡。

还有一个就是学校内部不同部门、不同院系之间的利益问题。比如有些院系现在老师比较多，他们就担心自己有200个老师而结果只来了100个学生，该怎么办。这也是需要从学校层面考虑的问题。可以暂时不减少老师的人数，让这些老师去开通选课——当我们允许学生自由选课之后，也许专业学化学的人变少了，但是全校的学生，无论是学金融还是学历史的，都要学点化学知识。应该把学生与院系的隶属关系分开，本科生不属于任何院系，英美的大学基本都是如此。

现在通识教育既然成为共识，就不再是一个教学模式的问题，而是一个利益问题。困难在于，现有的学院、师资结构和理念等使得在绝大部分高校难以推广。困难确实很多，而困难的解决主要在于领导的决心和理念。

以国际化促改革，做增量改革

《21世纪经济报道》：北大国际法学院创办以来，由于师资力量雄厚（多位教授曾任教于哈佛、耶鲁等大学的顶尖法学院），教学方式与国内法学院也甚为不同（采用苏格拉底式教学等），从而备受关注。请问，北大深圳研究生院创办国际法学院最初是出于怎样的考虑？

海闻：国际法学院当时的目标是培养有国际眼界和能力的法律人才。

中国在世界上的重要性日益凸显，中国融入世界的程度也日渐加深,但中国的国际化人才却十分匮乏。几年前我参加一个世界经济论坛,有 600 多人到会,分成大概七八十个小组,几乎每个小组都讨论了中国问题。但参加讨论的中国人只有 20 多人,严重不匹配。

具体讲,中国在融入世界的过程中,会遇到很多法律问题,尤其是经济领域的法律问题。比如,遭遇了反倾销,但我们的企业都不知道怎么去应诉。中国本土能在国际上打官司的人特别少。在美国,法律是一个非常重要的领域。哈佛大学法学院是培养法律精英的,它每年要达到 500 人的招生规模。法律人才,尤其高端的法律人才,是将来国家特别需要的。而很多人去美国学法律,由于成本太高,多数人都不会选择回国。从这个意义上讲,在本土迅速地大量地培养国际法律人才,是中国的当务之急。

当时正好有这样一个机会,美国康奈尔大学的前校长 Jeffrey S. Lehman 非常喜欢中国,跟我私交也较好,所以我飞往纽约,跟他谈这件事对中国的意义、对美国的意义以及对全球的意义,整整两天后,终于促成。我们在以一个很高的高度来看待这个问题,比如中国拥有更多懂美国法律的人才,将来跟美国的关系就能通过更好的办法来处理。以什么方式打交道很重要,不然容易产生误会,甚至容易把很小的事情弄得很大……这是一个初衷。幸运的是,我说动了 Lehman,创办了国际法学院,否则也很难办得起来。2011 年,Lehman 荣获中国政府"友谊奖";2012 年年初,入选国家第七批"千人计划"。

《21 世纪经济报道》:北大深圳商学院更名为北大汇丰商学院的初衷又是什么?

海闻:我们的商学院为什么接受捐赠冠名汇丰?作为一个后起的学院,我们需要支持,而接受一个公司或者获得一个企业家的大笔捐赠后给予冠名，也是商学院通常的做法。

汇丰银行的捐赠冠名，我们也是做了很多工作的。汇丰银行与中国渊源很深，这也是我们选择汇丰的一个原因。另外，当时汇丰刚刚进入中国，也想通过支持高等教育来发挥自己的影响力，于是双方就走在了一起：对汇丰来说，想扩大在中国的影响力；对我们而言，想借助它们的资金来迅速发展我们的学院，这是双赢。

冠名之后，就如企业上市一样，会受到更多的监督和压力。汇丰银行也会在乎商学院做得好不好，这对我们来说也是一种压力。这件事对汇丰来说也是有风险的，他们捐助过许多项目，但是从来没有把名字拿出去。汇丰商学院做得好不好，对他们也是有影响的。这使得我们有一定压力，但也有助于我们走国际化的道路，毕竟汇丰在全球还是很有影响力的，这会使我们发展得更快。而接受汇丰银行捐赠之后，也使得我们的目标更容易实现了。

《21世纪经济报道》：在您看来，北大汇丰商学院和北大国际法学院的创新经验对于中国高等教育改革有哪些借鉴意义？

海闻： 我想，北大汇丰商学院和国际法学院的一些经验对中国高等教育改革有三方面的启发。

第一，以国际化促改革。大家知道，国际法学院院长 Jeffrey S. Lehman，本身就是美国著名法学家，国际法学院完全交由他负责；汇丰商学院虽然由我兼任院长，但是我们引进了很多外国的老师，也招收了很多留学生。目前在学院53名全职教师中，外籍教师共24人，占总数的45%；在读国外留学生达到120名，招收留学生总数累计达到195名，遍布全球49个国家。来自不同文化背景的教师和学生在一起生活学习，一定会带来观念上的碰撞，也会促进文化上的交流，这对我们国际化人才的培养非常重要。

另外，外国老师的一些想法和行为，跟中国老师很不一样，他们根本不认同权威。比如对于开会，你必须提前通知，所以我们现在特别小心，会提前把计划安排做出来。他们有任何不满意的地方，也会提出来。他们的言行，也促使我们做了很多改革。因此，国际化师资和留学生，不只是有利于培养国际化人才，而且也有利于培养我们的创新性，帮助我们创建新的机制，形成一种新风气，为国家承担起应负的创新研究和培养拔尖人才的历史责任。

当然，我说的国际化不是那种同化了的"国际化"。现在很多商学院、很多学校聘请国际化师资，也吸引外国留学生，但很多所谓的国际化师资是在海外有教职的中国人，而吸纳的留学生也都是学了中文、对中国的文化有认同感的，他们会迁就中国的文化。我觉得，这是被同化的国际化，而不是真正的国际化。

第二，增量改革。其实真正要改革原有的法学院和商学院非常艰难。我们现在的国际法学院和汇丰商学院都是增量改革。当年在北京大学创办中国经济研究中心，对北大而言也是增量改革。当初中国经济研究中心成立时，对光华管理学院和经济学院形成了很大的压力，但客观上讲，如果没有中国经济研究中心，北大的光华管理学院和经济学院也可能不会像今天这么活跃。所以增量改革，引入竞争，会推动整体的高等教育改革。但中国经济研究中心毕竟还是中国人在做事。我们现在更进一步，不仅对原有院系机构有触动，同时也是借助国际的力量冲击我们自身。从国家层面，就是建立新的学校；从学校来讲，就是设立一些有新机制的院系，这方面学校要顶得住压力。

第三，要充分发掘国际教育资源。目前，我国高等教育缺乏一流的师资，从北大国际法学院的经验来看，可以充分利用发达国家的优质师资来为我们服务。比如，我们可以聘请国际一流的院长，不要假的，要真的。一些高校请过具有外国国籍的华裔做院长，但是很少真正请老外当院长。聘请这些完全国际化的外籍院长，把这些人变成我们的教授，这和外国学校到国内来办学不同。比如 Jeffrey 办国际法学院全球招聘教授，不是代表美国学校，而是代表北大。让外籍院长去整合资源、聘请师资，有利于中国高等教育更好地发展。

【链接】

北京大学汇丰商学院（Peking University HSBC Business School）创办于 2004 年，位于深圳，是集教学、研究和社会服务于一体的学院，实行国际化教学与国际标准的行政管理体制，是国际高等商学院协会（AACSB）和欧洲管理发展基金会（EFMD）的成员单位，已通过 EPAS 认证。学院目前开设有全日制硕士、博士研究生项目以及 MBA、EMBA、EDP 等项目，致力于经济、金融、管理的前沿学术研究，建设一流的"商界军校"，培养有领导力、有自制力、有远大视野的商界领袖。

（原载于《21 世纪经济报道》，2014 年 10 月 24 日，作者：叶渔、伍倩倩）

当心理学走进商学院

陈雅如　康奈尔大学约翰逊管理学院中国事务学术院长

2014年10月24日,全球商学院院长论坛期间,康奈尔大学约翰逊管理学院中国事务学术院长陈雅如教授接受了记者采访,就心理学在商学院的应用以及中国商学院的发展等问题发表了见解。

记者：非常感谢您接受我们的专访。今年是北京大学汇丰商学院建院十周年，您对北大汇丰未来十年的发展有什么期许？

陈雅如：北大汇丰商学院于2004年建立，刚好处于中国"管理教育"开始的阶段，在那个时候建立商学院恰恰是最好的选择，我也很惊喜能够看到她的诞生。北大汇丰商学院未来的发展需要利用好深圳这座城市所肩负的责任。

就我所知，中国有不少商学院建有深圳分院或校区，但总部都不在这边；但北大汇丰商学院不同，她在深圳创立并设立总部，因此它便与深圳这座城市深深相连接。此外，北大汇丰商学院侧重于创新创业方面的实践。从某种意义上讲，深圳是中国自主创新和创业的源头，伴随而来的是中国私营企业如雨后春笋般出现，并呈现一片繁荣景象。

北大汇丰商学院这种独有的使命和地理优势是值得康奈尔大学借鉴的。康奈尔大学也有着很强的创新创业传统，我们刚在纽约设立了一个校区，我们称之为"Cornell Tech（New York City）"，它的使命也是侧重创新创业。这将成为康奈尔未来发展的一个重点，这也和我所期许的汇丰商学院未来的发展方向相同。

记者：您是心理学的博士，后来却做了管理学教授。请问您是如何在管理教学中应用心理学知识的？

陈雅如：心理学是商学院的基础学科和理论，比如行为金融学、行为经济学是组织行为的重要课程，这里都会用到心理学的理论。我教授的领导力、谈判和组织行为等管理学课程都涉及"如何管理一个团队"和"如何与人沟通"等问题，它们都是社会心理学所涵盖的。

记者： 您认为对商学院的学生，哪些心理学知识是需要具备的？

陈雅如： 我想说所有心理学的知识都是必要的。"人们如何思考""如何做决定"都是心理学研究的重点。社会心理学的价值在于提高人们认识自身的能力，提高人的生活质量。在经济活动中，它能帮助人们意识到行为的趋势，以避免落入该行为所关联的陷阱。"如何激励人"的问题既关系到领导力，也关系到社会心理学。

中国公司面临的挑战，比如管理老员工与新员工的关系，对于了解社会心理学的人来说，他们能够很好地分析人们的行为，并帮助领导者进行适时调整以达到更好的管理效果。对于我而言，社会心理学知识对所有领导者来说都是至关重要的。

记者： 您通常会推荐哪些心理学的图书给学生？

陈雅如： 我确实有几本重要的心理学书目推荐给大家：第一本是 *Influence*（《影响力》），这本书的写作基于大量社会心理学的发现，是一本非常有趣的教材；第二本是我在谈判课程中推荐给学生的 *Getting to Yes!*（《谈判力》），这也是我们所有学习和研究谈判理论的人都会去阅读的一本书；第三本是关于"如何做决定"的——*Predictably Irrational*（《怪诞行为学》），我们都会有很多的选择和想法，具体如何选择则是我们需要去解决的，而这本书会对我们如何做决定有所启发。

记者： 您之前在中国很多著名的商学院任教过，例如光华管理学院和长江商学院，您觉得这些商学院有什么独特之处？

陈雅如： 我之前的确在这些商学院上过课，从2004年在长江商学院给MBA学生上课到现在已经十年了，我从学生那儿学到了很多。后来我去光华是受时任北大光华管理学院副院长张志学教授的邀请，他是我在中国最老也是关系最好的学术伙伴。

我在光华管理学院教授的课程是"组织里面的局"。"局"在中文语境中非常难翻译,这是一个非常丰富的概念,你如何设一个局,这对于在谈判中最大化获益非常重要。理解"局",我们需要理解结构的概念、交流的概念和市场的概念。

具体到不同学校间的差异,我觉得最重要的区别在于它们的性质,一个是体制内的学校,另一个则更像是私人企业。谈到学生,这两个商学院甚至中国所有商学院的学生在我看来更多的还是相同之处。人们喜欢不同,喜欢去挖掘不同——无论何时,当我们看到不同的团队、不同的群体,我们首先假设的是它们存在不同,这是社会心理学的假设,所以我们去评估他们中的不同。同时,我们过度评估了组内的共同点,我们也倾向于去相信这些群体是相互竞争的,这也是人的正常思维。但实际上,我认为他们之间 90% 都是相似的。如果这两个学院的学生站在我面前听我说他们实际上是一样的,他们肯定会特别失望!而这也就是社会心理学需要讨论的!

【链接】

康奈尔大学约翰逊管理学院(Samuel Curtis Johnson Graduate School of Management, Cornell University)隶属于美国常春藤盟校之一的康奈尔大学,位于美国纽约州伊萨卡,创办于 1946 年。学院开设多个项目,包括一年制和两年制 MBA 项目,以及 EMBA 项目、PhD 项目、双学位和证书项目等。该学院目前有超过 13600 名校友活跃在各行各业。

(撰稿:魏刚、白璐 摄影:宋剑锋、吴雨俭 编辑:董金鹏)

商学院面临的最大挑战是什么?

Rabikar Chatterjee　匹兹堡大学卡茨商学院副院长

2014年10月24日,全球商学院院长论坛之后,记者对匹兹堡大学卡茨商学院副院长 Rabikar Chatterjee 教授进行了专访。

记者：匹兹堡大学卡茨商学院是世界上第一个提供一年制 MBA 教育项目的商学院，并在该领域一直处于顶尖水平。您认为目前 MBA 教育遇到的最大挑战是什么？

Rabikar Chatterjee：我们现在不仅提供一年制的 MBA 项目，也提供两年制的 MBA 项目。因为现在美国的趋势是很多公司喜欢录用有暑期实习经验的学生，我们学校有接近一半的学生最后都进入了他们曾经做过暑期实习的公司，但这在一年制的 MBA 项目中难以实现。一年制的 MBA 项目是为那些已经工作过几年、有社会经验的且更加成熟的学生设计的。

我认为商学院面临的最大挑战是，在全日制 MBA 学生面临高昂学费以及因离职而造成收入损失的情况下，我们应如何去评估教育的价值。真正的挑战是学生们接受 MBA 全日制教育时，如何在经济上给予他们补偿。

记者：您在印度获得了学士学位和硕士学位，之后又在沃顿商学院取得了博士学位。基于您的亲身经验，您认为印度和美国在教育理念上最大的区别是什么？

Rabikar Chatterjee：在中国和印度的文化里，教育的价值历来备受重视。我以前就读的印度理工学院实际上跟美国的大学有很多合作，学校的教育体系也跟美国的教育体系相似。传统教育的模式大多是基于英式教育的，而近些年这些教育模式也都日益被全球的学校采用。我在印度接受 MBA 教育时，学校和哈佛大学有合作，所以当我在美国读博士学位时，我对美国的教育模式已经非常熟悉了。

记者：这些商学院都变得日益国际化了吗？

Rabikar Chatterjee：没错，在学生生源、师资队伍和课程设置上，这些大学的商学院都已日益与国际接轨。

记者：您认为商学院的学生应如何规划自己的职业生涯？他们应更专注于理论学习还是应更努力丰富自己的社会实践？

Rabikar Chatterjee：我认为，无论是MBA还是金融硕士项目的学生，他们都应该投入精力学好自己的专业知识，因为这是雇主们最重视的。你在工作中会最终用到基础技能，比如如何有效合作、如何做一个高效的展示、如何在特定的环境里做出恰当的反应，这些都是非常重要的。提升自己的知识储备和各种技能都非常重要，这在将来的工作实践中都会用到。

【链接】

匹兹堡大学卡茨商学院（Katz Graduate School of Business, University of Pittsburgh）位于美国加利福尼亚州匹兹堡，其悠久的商学教育历史可追溯到1907年。1963年该校创新性地推出一年制MBA项目。目前该校开设有多种学制的MBA项目，以及EMBA、专业硕士、博士和高级管理培训等项目。该校获得AACSB认证，是AACSB的创始成员之一。

（撰稿：张莉、余艺　摄影：梁齐峰　编辑：董金鹏）

如何培养数字时代的商业领袖？

Alison Davis-Blake　密歇根大学罗斯商学院院长

密歇根大学罗斯商学院院长 Alison Davis-Blake 教授精神颇好，面带微笑，亲切谦和。2014年10月24日下午，全球商学院院长论坛第一场分论坛结束后，Alison Davis-Blake 接受了记者的采访。

记者：本次全球商学院院长论坛的重要议题之一是，数字时代的来临对社会各方面的挑战。您能简单谈谈对数字时代商学院角色的看法吗？

Alison Davis-Blake：在我看来，数字时代的商学院角色非常重要。其中之一就是帮助学生为进入数字时代做好准备，将学生训练成为了解数字时代特征、满足数字时代需求并能够在数字时代高效工作的商业领袖。数字时代的市场营销相对于传统而言是迥异的。在数字时代，我们可以培养学生利用社交媒体这种更加高效的方式来进行市场营销，并创造、沟通以及交换价值。在这个角度上，商学院在数字时代扮演着非常重要的角色。

记者：作为一名女性经济学家和商学院教授，您认为女性在商业领域扮演着怎样的角色？

Alison Davis-Blake：毋庸置疑的是，自工业革命以来，商业领域似乎一直都由男性主导。然而，大概从过去四十年开始，越来越多的女性进入了商业领域并逐渐崭露头角。通过这些女性前辈的实践，我们可以看到，无论是在财政管理、金融分析还是市场营销领域，或是担任经营、规划或决策的职位，女性都具备相当实力。当然，由于历史原因，平衡商业领域女性的领导力还需要一段时间，但是我认为，女性绝对拥有成为商业贡献者和领导者的天资、能力和潜力。

记者：您认为罗斯商学院相较于其他商学院有什么独特之处？

Alison Davis-Blake：我想，罗斯商学院的独特之处就在于以培养能够对社会做出积极贡献的商业领袖为己任。这意味着我们有三个方面的任务。第一是培养能够创造经济利润的领袖，这是最基本的要求；第二是改变工作的性质，让人们在享受日常工作之余还有精力与家人、朋友相处，拥有良好的情感互动；第三则是培育能够对邻里、社区做出积极贡献的领袖，通过个人的努力在经济上创造积极成果来影响社会，最终改变世界，让地球成为一个更加美好的地方。

【链接】

密歇根大学罗斯商学院（Stephen M. Ross School of Business, University of Michigan）创办于1924年，位于美国密歇根州安娜堡。学院开设本科、硕士和博士课程，其BBA（工商管理学士）、MBA和管理管理培训项目排名位列世界前茅。该校培养了来自近90个国家的45000名学生。

（撰稿：田园、柴凡凯　摄影：付斯　编辑：董金鹏）

关于社会责任，商学院能教给学生什么？

Sarah Dixon　西交利物浦大学国际商学院院长

2014年10月24日，西交利物浦大学国际商学院院长Sarah Dixon受邀参加全球商学院院长论坛。论坛期间，Sarah Dixon女士接受了记者的采访。

记者：您认为北大汇丰商学院和西交利物浦大学商学院之间有什么相似之处吗？有哪些方面是值得我们互相学习的呢？

Sarah Dixon：首先，北大汇丰商学院有着如此便利的地理位置，这一点非常棒。其次，谈到北大汇丰商学院与西交利物浦商学院之间的共同点，我个人认为非常多。实际上，两所商学院的风格都很国际化，我们博采中国大学与外国大学的长处，教职员工都来自世界各地，并使用全英文教学。而且，我们都重视并且致力于商业知识的教学，我认为这也是我们的共同点之一。

记者：您认为数字时代的商学院应该扮演何种角色？

Sarah Dixon：数字时代对于所有大学的商学院来说都是很有挑战性的，这是因为技术在进步也在革新。或许你已经得知，我本身也是一位研究人员，主要研究组织、环境等问题，创新突破是你永远必须不断提醒自己的事情之一。这一点对商学院来说，非常有挑战性。

具体到商学院，当下我们谈到传统模式的商学院面临的潜在危机时，我认为有些人的观点非常明智——变革模式是解决一切问题的关键，因为实际上我们需要的恰恰是锻炼在实际生活中运用知识的能力。

记者：西交利物浦大学商学院在教学过程中非常重视"社会责任感"，去年又新开设了一门新课程——公共卫生。请问作为一家商学院为什么在教学中如此重视社会责任呢？

Sarah Dixon：我认为在教学过程中强调社会道德、社会责任感，几乎是所有国家的商学院的一项义务。我们应该不断思考，提出新的商业模式来适应相对稳定的大环境。

2008年金融危机爆发的时候，全世界的商学院面临着许多的诟病。

从那以后，人们渐渐意识到，我们必须教导我们的学生不要贪婪，我们必须思考我们想生活的社会是怎样的，我们如何做才能回馈支持这样的社会、环境。诚然，由于我们是商学院，会有许多来自经济方面的诱惑，但是非常重要的一点就是守住自己的底线，这一点对于我们所有的学生来说都非常必要。

今天你问我的问题其实都与社会责任相关，今天你们站在这里，非常专业地对我进行访谈，这些都是你们有社会责任感的表现。这说明，你们都在积极思考怎样才能回馈和支撑这个社会，这一点非常棒！

【链接】

西交利物浦大学国际商学院（International Business School Suzhou, Xi'an Jiaotong-Liverpool University）位于苏州，成立于2013年。西交利物浦大学是由西安交通大学和英国利物浦大学合作创立的、具有独立法人资格和鲜明特色的新型国际大学。该学院提供本科、硕士和博士教育，以及MBA、高层管理教育等项目。学院以"学贯中西，兼善天下"为宗旨，基于国际化、创新、启发和诚信原则，旨在通过育人、科研与校企合作推动社会进步。

（撰稿：崔一民　编辑：董金鹏）

商学院如何适应数字化?

Chris Styles　新南威尔士大学商学院院长

　　Chris Styles 是新南威尔士大学商学院院长,他这次来中国是参加由北京大学汇丰商学院主办的 2014 年全球商学院院长论坛。10 月 24 日早上 11 点,Chris Styles 如约来到预定地点。他一袭简约的西装,一张自信的笑脸,一句亲切的"我们随时可以开始",周围的气氛立刻变得活跃起来。访谈就在这样轻松惬意的环境中开始了。

记者：您认为数字时代的商学院应当扮演怎样的角色？

Chris Styles：我将从三个方面谈数字时代商学院的价值。

首先，不论是我们的教学还是学生的学习都应该去顺应这样一个时代。我自己有两个女儿，她们都是十几岁，我平时很喜欢观察她们怎样学习和使用像 Skype 之类的数字社交工具。对于她们来说，这不是科技，而是日常。因此，我认为商学院首先需要适应并引导学生主动运用数字手段去解决他们个人在学习、生活、娱乐、沟通等方面所遇到的问题。

其次，数字化生活也容易带来一些弊病，其中最大的问题就是"分心"，这一点尤其体现在课堂上。我们需要培养学生的发散思维，引导他们走出去，去看外面的花花世界，同时也要解决他们不能专注思考的问题。因此，数字化生活既带给我们机会，也带给我们挑战。我们需要去消除信息的不确定性、复杂性，进而助力学生的成长。

最后，数字化本身也是商学院的调研任务。我们需要通过调研去了解数字化对于公司、社会、群体、个体所产生的影响，在此基础上提出解决方案。

记者：新南威尔士大学商学院十分重视学生创造力和创业精神的培养，那么您的学生又是如何平衡创业实践和学术生活的呢？学校是否有相关的激励机制去鼓励学生创业？

Chris Styles：我们学校的学生，特别是商学院的学生，创新能力和创业精神一直广受好评。对那些热衷创业活动的学生，我们始终在进行追踪和记录。我们还将课程和实践一体化，吸引更多的学生参加类似的活动。在商学院，只要学生想努力，想飞得更高，我们都会尽力给他们提供平台。

此外，还有一些学生自行组织的社团，他们经常聚集在一起讨论和解决一些有趣的问题，我们也会从经济上给予支持和奖励。当这些学生走出校园参加社会面试的时候，他们在商学院里的一些实践经历十分有益。

记者：前不久《澳大利亚人报》上有一则消息，说新南威尔士大学商学院的毕业生在亚太地区的各大公司中最受欢迎，他们是如何做到这一点的？

Chris Styles：的确如此，新南威尔士大学商学院的学生在职场上广受好评。关于他们为什么能够保持如此强劲的竞争力，我想这涉及商学院学生的核心价值问题。我们学校的校训是"Scientia Manu et Mente"，意思是"实践思考出真理"。也就是说，我们不但重视思考，而且重视实践。因此，在那些大公司里，我们的学生不仅在知识储备方面胜人一筹，而且在知识的运用方面做得也非常出色。

【链接】

新南威尔士大学商学院（UNSW Business School, UNSW Australia）位于澳大利亚悉尼，下设八个院系，分别为：会计系、银行与金融系、经济学系、信息系统系、市场学系、管理学系、风险与精算学系、商业与税务法系。该校的全日制 MBA 项目多年来排名澳大利亚第一。

（撰稿：杜晨薇　编辑：董金鹏）

近半商学院可能会在未来消失

Hellmut Schütte　中欧国际工商学院副院长兼教务长

2014年10月24日，在上午的专题研讨之后，记者对中欧国际工商学院副院长兼教务长Hellmut Schütte教授进行了专访。

记者：您在 2013 年达沃斯论坛期间提到，中国企业不能太浮躁，应脚踏实地，一步步把公司做大。请问脚踏实地应主要体现在哪些方面？

Hellmut Schütte：中国沿海发达城市的市场经济刚刚形成，我看到的很多中国企业都走得太快。比如并购，购买一家海外企业相对来说比较简单，但与自有资源相整合，并管理好新的企业却非常困难。我个人认为，在很多情况下，中国企业可以先在海外建立办事处，汲取经验，然后稳固发展，最后形成一个大公司，不要急于求成。

记者：如何让深圳的中小型民营企业在保持独特竞争力同时适应全球化和数字化的冲击？

Hellmut Schütte：中小企业的管理者应该先去香港，获得跨文化的管理经验，这样才有能力管理海外的公司。全球化的意思就是我必须和不同文化背景的人打交道，管理他们，最后形成自己的管理模式。这种软实力与金钱无关，但和管理能力有关，它必须靠时间来积累，没有近道可超。

我们反观世界上著名的大公司，无一不是经过了残酷的市场竞争和五十年甚至上百年的发展，才一步步走到今天。它们在百年前就已经付出过成本，经历过失败，最后形成的一套自有的成熟化管理模式，让它们依然活跃于市场上。

不过，商学院可以为企业家提供一条捷径，把世界上无论是失败的还是成功的例子教给他们，让他们从中学习经验，避免重蹈前人的覆辙。我在中国看到企业家再学习的氛围很浓，这样很好。

记者：最近几年，网购在中国十分火爆，越来越多的女性消费者沉溺于网购，已沦为剁手党。您怎么看这种现象？

Hellmut Schütte：说到底，这还是网络带来的产业和消费方式的革命。在网络时代，消费者可以用最低的成本满足过去未得到满足的欲望，包括拥有产品和购买行为本身的欲望。与此同时，它影响了一切，比如教育，现在我们可以利用如 MOOC 这样的网络课程，一边听课一边购物或照顾家人。

记者：您提到了最近非常火爆的 MOOC，您认为它会对商学院的未来构成巨大的挑战吗？

Hellmut Schütte：线上教育的发达使得每一个商学院和教授都可以被取代，在未来十到二十年中，也许会有近一半的商学院消失。未来的教育机构一定要在满足不同类型学生的个性化需求上下工夫，同时给学生提供更多的机会。虽然我很激进，但网络的确给商学院存在的意义带来了很大的挑战，不过像北大汇丰这样优秀的商学院一定能有效利用网络资源得到进一步的发展。

【链接】

中欧国际工商学院（China Europe International Business School）创办于 1994 年，是根据中国政府与欧洲联盟签署的合作协议，由上海市人民政府与欧盟委员会共同出资创办的一所非营利性高等管理教育机构。学院目前开设有 MBA、EMBA、高层经理培训、金融 MBA 和博士课程，在上海、北京、深圳、苏黎世和阿克拉设有校园和教学点。

（撰稿：白璐、魏刚　摄影：魏刚　编辑：董金鹏）

从商学院发展到企业家精神

Bernard Yeung 新加坡国立大学商学院院长

2014年10月24日,全球商学院院长论坛期间,新加坡国立大学商学院院长Bernard Yeung接受了记者专访,畅谈了商学院发展与企业家精神等话题。

亚洲商学院：一支迅速发展的力量

纵观全球商学院的发展态势，美国的商学院和亚洲的商学院处于不同的发展阶段。美国顶尖商学院众多，而亚洲则被视为商学院的新兴市场，对商学院的需求量将随着亚洲地区经济的腾飞不断增加。

Bernard Yeung 认为尽管美国商学院总体水平高于亚洲，但它处于相对稳定的发展状态，而亚洲商学院虽然较为"年轻"，却处于亚洲经济这个极速变动的大环境之中，发展异常迅速。Bernard Yeung 将这个环境概括为"令人兴奋的外部环境"，也正是这种不稳定性，反而有利于亚洲商学院的改革和发展。

亚洲商学院可以在美国商学院模式的基础上进行发展。Bernard Yeung 还特别强调要结合"中国商学院动态有机发展的经验"。快速发展的经济、不断变化的环境、持续增长的需求，亚洲商学院将在这三个因素的共同作用下呈现跨越式发展，为世界做出贡献。

企业家精神=努力+执行力+沟通力

商学院的目标在于培养商界领袖，而企业家精神正是商界领袖的核心气质。拥有企业家精神有助于打造出众多富有活力和创新力的企业，也会对社会发展做出积极贡献。纵览世界发展，经济活跃的区域大都不乏一批极具企业家精神的商业领袖。

Bernard Yeung 给出了他对"企业家精神"的理解，他将"企业家精神"概括为三力——努力、执行力和沟通力。他说，优秀的企业家需要时刻关心公司的未来，并付出努力进行改革和创新。他应该有勇气执行自己的计划，而不被他人的观点动摇。同时，他应该有能力去有技巧地激励员工,并提高团队凝聚力。

但现实问题是如何塑造"企业家精神"?Bernard Yeung 强调三点——曝光、理解与能力。他认为我们需要给予企业家大量的曝光度,向社会展现伟大的企业家精神。同时还需要增进对企业家的理解,理解他们的行为方式和理念。在了解与学习其他优秀企业家的行为之后,还需要提高系统的计划能力,用宏观的视野和细致的思考构建公司发展的蓝图。

【链接】

新加坡国立大学商学院(Business School, National University of Singapore)创办于 1965 年,学院有六个系,包括企业政策系、决策科学系、财务系、会计系、市场营销系及组织与管理系,并设有四个具备实战教学能力的研究中心。该学院是东南亚最早获得 AACSB 和欧洲质量认证体系(EQUIS)认证的院校。

(撰稿:周凡琛、张燕　摄影:付斯　编辑:董金鹏)

复制美国教育模式没有多大意义

Eitan Zemel　纽约大学斯特恩商学院副院长

2014年10月24日,纽约大学斯特恩商学院副院长Eitan Zemel到深圳参加北京大学汇丰商学院主办的全球商学院院长论坛。论坛期间,他接受了记者的采访,就中外联合办学和商学教育发表了观点。

中外联合办学是未来大趋势

Eitan Zemel 根据自己的切身经历，谈到了上海纽约大学的核心办学思想。上海纽约大学并不是要把纽约大学照搬到上海，在中国复制美国的教育模式，这没有多大的意义。上海纽约大学的特点和优势就在于综合中美两国教育中的最闪光之处，以期在跨文化的国际背景下让学生最大限度地吸收精华。

上海纽约大学的学生构成比例大约是中外学生各一半。为了让学生最大限度地沉浸于跨文化的国际交流氛围中，上海纽约大学在分配宿舍这件事情上也花了心思。宿舍生活是所有大学生生活的重要组成部分，上海纽约大学将中外学生混合分配在一起，中外学生们可以通过最日常的交流来了解异国文化和思维特点，这对学生未来在全球化的背景下参与国际事务是有意义的。

Eitan Zemel 教授表示，优秀的商学院需要全球化的视角和办学理念，需要一流的教师和积极上进的学生，同时也需要包容的文化氛围。中外联合办学是他特别推崇的，这也是他千里迢迢来到中国主持上海纽约大学商业与工程学院的主要考虑。Eitan Zemel 教授表示，这会是未来大学发展的一个重要趋势。

被动选择商科是个危险的信号

在谈到现在的商学院热时，Eitan Zemel 教授表示，学生选择什么专业就读应该是在充分综合自己的兴趣和长处之后做出的决定。读商科是一个不错的选择，但这应该是独立和理性思考之后做出的决定。

Eitan Zemel 教授介绍，在上海纽约大学，学生不必一进校就选择专业，他们可以在充分学习各个专业的基础课，对感兴趣的专业有了基本了解之后再做决定。这也是上海纽约大学第一年对学生进行不细分专业的通识教育的重要考虑。学校从来不会单方面地限制就读某一专业的学生人数，如果有很多人希望进入商学院，当然没有问题。

Eitan Zemel 教授关心的是，学生是不是真的喜欢学习经济和金融，如果他们只是被动地遵从父母的意愿和单方面觉得学习商科方向更加光鲜，这对大学教育来说会是一个很危险的信号。

【链接】

上海纽约大学（NYU Shanghai）于 2011 年 1 月 9 日筹建，是美国纽约大学、华东师范大学两所高校联合办学的第一所具有独立法人资格的中美合作大学。学校 2011 年首先启动招收本科生。2011 年 3 月 28 日，上海纽约大学正式奠基陆家嘴，开始高等教育的全新尝试。Eitan Zemel 教授是上海纽约大学商业与工程学院的外籍院长。

（撰稿：刘爽　编辑：董金鹏）

中国需要什么样的商学院？

朱宁　上海交通大学上海高级金融学院副院长

中西方商学院在教育理念与实践上有何不同？商学院应采取哪些措施应对经济全球化与数字化的变革？商学院在金融改革中应扮演何种角色？2014年10月26日，上海交通大学上海高级金融学院副院长朱宁就这些问题接受了记者的采访。

以工作为导向的教育缺乏长远眼光

朱宁认为，中国和美国的经济发展程度和经济增长率有很大的差别，市场的成熟程度也有很大的差异。基于经济基础方面的差异，中美在价值理念系统上有很大的不同。在中国的基础教育上，学生进来，拿到学位，找一个好的工作，是以工作为导向的教育。这相较于美国教育缺乏长远的眼光。在美国，学生在教育中学习怎么把自己的价值、目标带到自己的生活中，如何让教育实现人生的价值。在教学中，需要把这两方面都带给学生，要事业上的成功，也要有长远的眼光，获得国际的视野和理念。

上海高级金融学院和汇丰商学院一样，会请很多国际一流水平的教师来教导培养学生。学生不仅要学习知识，更要具备迎接中国经济发展挑战的能力。经济全球化对于中国商学院来说是一个机会，只有抓住这个机会，才能更有实力和其他的商学院在国际事务和经济上展开竞争。

要做到这些，中国应从最成熟的商学院模式上学习，站在巨人的肩膀上，充分利用互联网数字时代的开放和便捷。此外，中国的商学院还应邀请世界一流的商界领袖和教育界领袖沟通交流，并将教育和实践更好地联系起来。

总的来说，通过借鉴与实践，可以大大缩短我们跻身于世界一流商学院所需要的时间。

商学院在金融改革中扮演的角色

关于商学院在金融改革中扮演的角色，朱宁以上海高级金融学院为例发表了看法。他认为，上海自贸区是中国深化金融改革的重要举措之一，而上海高级金融学院肯定会帮助上海建设成为国际金融中心。第一，上海高级金融学院在政策措施的制定和实施上可以帮助上海建设自贸区，比如如何进行投资、如何引进外资等。第二，上海高级金融学院培养的学生毕业以后会从事金融相关领域的工作，为上海提供大量专业的人力资本。第三，上海高级金融学院作为一个教学和研究的学院，其研究成果能促进其和当地政府以及各方的联系与合作，并促进自贸区的发展。

【链接】

上海交通大学上海高级金融学院（Shanghai Advanced Institute of Finance, Shanghai Jiao Tong University）创办于2009年，位于上海，是上海市人民政府依托上海交通大学而创建的一所按照国际一流商学院模式办学的金融学院。学院以汇聚国际一流师资、培养高端金融人才、构筑开放研究平台、形成顶级政策智库作为必达使命。学院现开设金融MBA、金融EMBA、全球金融DBA、金融硕士、金融学博士、EDP等项目。

（撰稿：聂彩明　编辑：董金鹏）

参会嘉宾所在院校中英文对照表

参会嘉宾	所在院校（英文）	所在院校（中文）	院校所在国家/地区
Jan Ketil **Arnulf**	BI Norwegian Business School	BI挪威商学院	挪威
Martin **Binks**	Nottingham University Business School	诺丁汉大学商学院	英国
Eric **Chang**（张介）	Faculty of Business and Economics，University of Hong Kong	香港大学经济及工商管理学院	中国（香港）
Rabikar **Chatterjee**	Katz Graduate School of Business，University of Pittsburgh	匹兹堡大学卡茨商学院	美国
Shekhar **Chaudhuri**	School of Management and Entrepreneurship，Shiv Nadar University	希夫纳达大学管理与创业学院	印度
Chen Ya-Ru（陈雅如）	Samuel Curtis Johnson Graduate School of Management，Cornell University	康奈尔大学约翰逊管理学院	美国
Chen Yong（陈勇）	College of Economics，Shenzhen University	深圳大学经济学院	中国
Alison **Davis-Blake**	Stephen M. Ross School of Business，University of Michigan	密歇根大学罗斯商学院	美国

（续表）

参会嘉宾	所在院校（英文）	所在院校（中文）	院校所在国家/地区
Sarah **Dixon**	International Business School Suzhou，Xi'an Jiaotong-Liverpool University	西交利物浦大学国际商学院	中国
Kiran **Fernandes**	Durham University Business School	杜伦大学商学院	英国
Ge Jianxin（葛建新）	School of Business，Central University of Finance and Economics	中央财经大学商学院	中国
Frøystein **Gjesdal**	NHH Norwegian School of Economics	NHH 挪威经济学院	挪威
Gong Liutang（龚六堂）	Guanghua School of Management，Peking University	北京大学光华管理学院	中国
Andrew **Griffiths**	University of Queensland Business School	昆士兰大学商学院	澳大利亚
Hai Wen（海闻）	Peking University HSBC Business School	北京大学汇丰商学院	中国
Sebastian **Heese**	EBS Business School	欧洲商学院	德国
Michael T. S. **Lee**（李天行）	College of Management，Fu Jen Catholic University	辅仁大学管理学院	中国（台湾）
Stefanie **Lenway**	Opus College of Business，University of St. Thomas	圣托马斯大学欧普斯商学院	美国
Lu Yuan（吕源）	Shantou University Business School	汕头大学商学院	中国
Mao Ji-ye（毛基业）	School of Business，Renmin University of China	中国人民大学商学院	中国
Maxim **Ponomarev**	School of Management，Plekhanov Russian University of Economics	俄罗斯普列汉诺夫经济大学管理学院	俄罗斯

（续表）

参会嘉宾	所在院校（英文）	所在院校（中文）	院校所在国家/地区
Moshe **Porat**	Fox School of Business and Management，Temple University	天普大学 福克斯商学院	美国
Bruno **van Pottelsberghe**	Solvay Brussels School of Economics and Management	苏威布鲁塞尔经济管理学院	比利时
Loïck **Roche**	Grenoble École de Management	格勒诺布尔管理学院	法国
Michael **Roos**	Faculty of Management and Economics，Ruhr-University Bochum	波鸿鲁尔大学 经济管理学院	德国
John **Ryan**	Center for Creative Leadership	创新领导力中心	美国
Hellmut **Schütte**	China Europe International Business School	中欧国际工商学院	中国
Lars **Strannegard**	Stockholm School of Economics	斯德哥尔摩经济学院	瑞典
Chris **Styles**	UNSW Business School，UNSW Australia	新南威尔士大学商学院	澳大利亚
Tan Kok Hui	Nanyang Business School，Nanyang Technological University	南洋理工大学 南洋商学院	新加坡
Joyce **Teo** Siew Yean	School of Business and Economics，Universiti Brunei Darussalam	文莱达鲁萨兰大学 经济管理学院	文莱
Tu Teng-Tsai（涂登才）	Graduate Institute of International Business，National Taipei University	台北大学 国际企业研究所	中国(台湾)
Wang Qingshi（王庆石）	School of International Business，Dongbei University of Finance and Economics	东北财经大学 国际商学院	中国

（续表）

参会嘉宾	所在院校（英文）	所在院校（中文）	院校所在国家/地区
Djoko **Wintoro**	Prasetiya Mulya Business School	普拉塞提亚姆雅商学院	印度尼西亚
Jilnaught **Wong**	Business School，University of Auckland	奥克兰大学商学院	新西兰
Xiang Bing（项兵）	Cheung Kong Graduate School of Business	长江商学院	中国
Bernard **Yeung**	Business School，National University of Singapore	新加坡国立大学商学院	新加坡
Eitan **Zemel**	Leonard N. Stern School of Business，NYU	纽约大学斯特恩商学院	美国
Zhang Li（张黎）	National School of Development，Peking University	北京大学国家发展研究院	中国
Zhang Yuli（张玉利）	Business School of Nankai University	南开大学商学院	中国
Zhu Ning（朱宁）	Shanghai Advanced Institute of Finance，Shanghai Jiao Tong University	上海交通大学上海高级金融学院	中国

编 后 记

《商学教育变革：全球视角》一书来源于2014年10月北京大学汇丰商学院主办的全球商学院院长论坛，论坛的主题是"中国融入世界——商学院的角色"。该论坛从最初提出计划到成为国际商学界的一桩盛事，并最终有了这本书，前后历时近两年。其间，全球政治经济格局发生了比较显著的变化，"中国融入世界"这一主题也愈加成为全球新格局的一个重要因素，在此背景下，中外商学教育也面临越来越多的新问题和新挑战。中国的商学院怎样为中国走向世界培养大批的优秀人才？各国的商学院如何为面对中国的崛起和融入做好准备？中外商学教育如何在新技术新格局下改革创新？随着时间的推移，本书呈现的这些问题与思考的意义不但没有淡化，反而更加突显出其前瞻性和时代感。尤其是本书所展现的具有反思、融合、创意、多元、突破等全球化视角的真知灼见，对于当前这个变革年代的商学教育事业创新乃至社会全面发展的价值是毋庸置疑的。值本书正式出版之际，向所有为此付出努力的人们致敬，并表示诚挚的谢意。

在论坛筹备过程中，我们得到了深圳市政府和北京大学相关部门的大力支持，向他们表达衷心的感谢。

更重要的是，感谢应邀积极参与此次活动的全球40多家知名商学院的各位院长，发表主题演讲的章新胜、王冬胜、沈联涛、于刚等各界嘉宾，以及出席论坛的500余位政府官员、政策咨询专家、教育管理者、银行家、企业家、学者和研究人员等各界人士。他们不但是这场商学教育精神盛宴的真正主人，也为本书贡献了最宝贵的原创性思想和内容。需要说明的是，为保持论坛原貌，本书所涉相关嘉宾、院长等的称谓皆为时任职务；由于沟通及语言上的问题，本书部分内容未经发言者本人的最终确认，在此表示歉意。

全球商学院院长论坛的成功举办是北京大学汇丰商学院全体工作人员共同努力的结果，特别是李志义副院长及院长办公室主任周豫的亲力亲为，还有张凡姗、武进辉、彭雨露、胡笑天、赵云霓、张颉冰、毛娜、于晓杰、本力等各项目行政负责人带领团队所做的堪称国际标准的高质量工作。巫汶航是此次论坛的执行秘书，承担了整个活动全过程的具体细节工作，并在本书编辑过程中，为收集资料、核对内容提供了非常宝贵的支持。北大汇丰商学院还有大量默默无闻为此付出艰辛努力的工作人员，在此一并致谢。

感谢承担现场录音及实录整理工作的北京大学汇丰商学院的多位同学：2013级数量金融学专业刘洋，2014级经济学专业林梦芸、李倩雯，2014级金融学专业张帆，2014级数量金融学专业Lubka Karlis，管理学国际交换生Kornelia Isabella Sophia Koenig和Grogan Finlay Wallace。

北京大学徐泓教授及深圳研究生院财经新闻专业2014级同学，以及南燕新闻社、汇通社的学生记者共同参与了此次论坛的新闻报道工作，部分内容也收录于本书。这既为本书增色不少，也是他们教学与实践成果的集体展示，在此特别致谢。

本书的策划和整理、编纂的具体工作由北京大学汇丰商学院公关媒体办公室（经济金融网）与北京大学出版社共同完成，其中本力主要负责选题沟通、总体框架及整体协调，董金鹏主要负责翻译组织和内容初步审定，金颖琦、邵晓波、董金鹏、彭宣朝、苏九卉承担了主要的翻译工作，邵晓波还就书稿后期资料补充和细节具体确认做了大量校对、沟通工作。绳晓春、谢凤对本书编辑工作也有一定贡献。由于内容需要由英文转译为中文，且原始资料有个别遗漏，整个团队克服了诸多困难最终完成了这项富有意义的工作。但书中也难免有令人遗憾之处，这些责任由我们承担，并向读者致歉。

在本书的策划与编辑过程中，北京大学出版社总编辑助理兼经济与管理图书事业部主任林君秀女士以及周玮编辑给予了至关重要的指导和帮助，最后向她们表达敬意和感谢。

关于这本书的美好合作经历令人难忘，这是一项集体协作完成的工作，谢谢每一个人所付出的努力。

编　者
2016 年 1 月